給每一位曾賜我珍貴情誼的朋友

安息日誌

秋之旅

盧雲 著／莊柔玉 譯

基道出版社

▼

靈修著作精選 • 盧雲系列

安息日誌

秋之旅

Sabbatical Journey

The Diary of His Final Year

作者

盧雲 Henri J.M. Nouwen

譯者

莊柔玉

責任編輯

李慧儀

裝幀設計

莫可雅

■

出版／發行

基道出版社

香港沙田火炭坳背灣街 26 號富騰工業中心 1011 室

LOGOS PUBLISHERS

Unit 1011, Fo Tan Ind. Centre, 26 Au Pui Wan St., Shatin, Hong Kong

電話：(852) 2687-0331　傳真：(852) 2687-0281

網址：http://www.logos.com.hk

承印

雅聯印刷有限公司

●

7/2002 初版

Cat. No. LP606A

ISBN-10: 962-457-212-7

ISBN-13: 978-962-457-212-4

刷次	11	10	9	8	7	6	5	4	3	2
年份	2024	2023	2022	2021	2020	2019	2018	2017	2016	2015

序《安息日誌》

鄧紹光

「安息之旅」(*Sabbatical Journey*)是一本成書的日記的名稱。

「安息之旅」成書之前，原是一書寫的歷程，原寫於亨利•盧雲(Henri Nouwen)的安息年，因而是一在安息年所經歷的行旅。安息年不一定心身安息，更為真實的是因為並不安息，而要進入安息。會不會，盧雲的「安息之旅」，也是一次進入安息的行旅，而書寫是其中一度法門，一條路徑，通往安息，或讓安息臨在。

只是，安息何嘗只是目的、終點，安息本身可以是進程，是行旅。安息並非靜態，但卻是一種狀態。安息是一種在待人接物間流露出來的平和安舒狀態，叫人如沐春風。安息，可以是一種氣韻生動的生命表現。因此，安息並非寂然不動，否則就是死水一潭、了無生氣。

在進程中、在行旅中，我們將更多體會何謂安息。進程、行旅其實很有一種「不安於室」的味道，當然，這首先可以指到身心之流動活潑不受束縛而言。離開舊有熟悉的境地，踏上一條開放的道路。或許，本來就沒有現成的道路；就是現成的也只是他人的而非自己的。

行旅之中，必須學習交託。交託就是放下。放下安全感，放下執物執我。一身輕裝，瀟灑上路，路上風景因而徐徐展開。隨看隨忘，不帶走一片風景，風景卻處處皆是。如此，心境在行旅中亦徐徐展開，無所窒礙：一花一草、一沙一石，無不是道，自有可觀之處。

安息，就是心無掛慮，而能隨事隨物隨人而行進。心中一無牽掛，安於流動的行旅，隨機而應；安於陌生，只因心無所安而自安，而安息臨在。人生本來是行旅，然而，走得安息自在，抑或處處回顧，就全在乎一心。

《安息日誌》只是盧雲安息年行旅的日記。看過，忘掉就可以的了。當然，忘掉，再看，又再忘掉，亦未嘗不可。盧雲的《安息日誌》固然是一片風景。他自己走過的安息之旅又何嘗不是一片風景。就讓這片風景掠過我們的行旅，留下那無可執著的痕迹。

二〇〇二年六月十三日

於沙田道風山

如何破隔？——談日記的翻譯兼序《安息日誌》

莊柔玉

翻譯日記，譯者正站在一個尷尬的位置，要以第一身真誠的口吻述說別人的故事。在翻譯的忠誠上，不妨讓讀者意識到他們看的是經過語言文化轉換的文字；在藝術的感通上，卻似乎不宜讓讀者發覺所讀的是翻譯。當讀者打開盧雲的日記，準備進入盧雲的心扉時，赫然發現那裏隔著一道牆，不見盧雲的聲相情態，只見一個人或一羣人倚在牆邊，不斷轉述著盧雲的話，讀者要麼望而卻步，要麼失望折返。讀者要看日記，因為日記夠真、夠白、夠澄澈、夠剔透；中間隔著一個譯者，豈非對這種體裁最滑稽的諷刺？倒不如撇下不好譯、不宜譯、不譯也罷的日記，免得誤己誤人。

譯者要自處，得想個翻譯日記的理由。那就從隔說起吧。甚麼是隔？人的感通，可謂阻隔重重。盧雲抽象的感觸，化為具體的意念，已是一隔；形而上的意念，化成形而下的文字，又是一隔；由英語的規範，轉到漢語的規範，再經文化的調飾，再多一隔；譯者閱讀原文，滲入個人的詮釋，又多一隔；譯者為照顧讀者，遣詞造句作出特別安排，再添一隔；讀者細讀譯文，融入個人觀感，又添一隔；讀者再讀譯文，潛化了先前的閱讀經驗，隔了再隔……原來，沒有不隔的溝通。

原來，人類互動，不是基於無隔，而是始於有信。要達致可信的交流，先要相信神賜人溝通的能力，再信人有表達的能力，再就語言的傳達功能報以信任，再對作者的真誠投上信心，再對譯者的忠誠不抱懷疑，再對讀者的理解委以重任。在信的基礎上，儘管有隔的關卡，人還是勇於樂於甘於在有限的規範上尋求無規範的感通。

然而，以信破隔，還未完全解決問題。在信的大前提下，無誤的交流只是過氣的神話，因為語言本身尚有不足，時而不敷應用，時而產生歧異，時而自相猜駁；而人類自身亦會在不自覺不情願不勝任下犯下錯誤，將一己的偏執折射到語言上，映照到文字裏，於是誤會叢生，誤寫、誤讀、誤譯、誤說、誤評屢見不鮮。

既然這樣，是否要絕信棄字，遁入虛無？那就是與世全隔，非常人可為之。常人只能憑信破隔。如何破隔？一曰以有隔隨無隔，二曰從有誤到有悟。

隔與誤，其實是文字交流必然的惡。承認隔之存在，才不為隔所隔；察辨誤之為害，才不為誤所誤。盧雲澄澈的心象，有待隔而益顯淒美，亦待破隔而指向無限。盧雲剔透的文字，隨著誤而衍生意義，藉著悟而游於無窮。也許，隔與不隔，從來就不是翻譯日記的問題。

二〇〇二年六月二十六日

鳴謝

這本書能夠面世，相信盧雲會衷心感謝他的一些朋友，沒有他們的慷慨愛顧，這本書也許無緣與讀者見面。

盧雲所屬的團體黎明之家給予他支持，使他得以好好策劃和活出他的安息假期。

在馬薩諸塞州（Massachusetts）的沃特敦（Watertown），薩拉・多林（Sarah Doering）騰出她在瑪格麗特（Margaret）和羅伯特・布利特-喬納斯（Robert Bullitt-Jonas）及她倆的兒子塞繆爾（Samuel）一家的房間，讓盧雲在安息假期的頭四個月，可以賦閒那裏，專心寫作。在其後的七個月，佩吉・麥克唐奈（Peggy McDonnell）接待盧雲入住她在新澤西州（New Jersey）的皮帕克（Peapack）的客房；而漢斯（Hans）和瑪格麗特・克魯伊瓦岡（Margaret Kruitwagon）、溫迪（Wendy）和傑伊・格里普（Jay Greer）亦在這次安息旅程中為盧雲提供家外之家，使他居得其所。

金尼・霍爾（Ginny Hall）和凱西・克里斯蒂（Kathy Christie）把寫著盧雲無瑕字迹的原稿打出。

蘇珊・布朗(Susan Brown)負責最初的編輯工作，把原稿的內容刪減了一半。她同時也負責審校最後一稿。

盧雲的兄弟勞倫特・盧雲(Laurent Nouwen)花了很多時間審批原稿和編輯後的稿本，就一些細微的改動和細節的刪除給予意見和鼓勵。

溫迪・格里普閱覽全稿，並就盧雲的文字更深更廣層面的意義提供意見。

凱西・克里斯蒂是籌備整本書的骨幹人物，除了孜孜不倦地處理各項細節外，還令成書的過程充滿活潑的盼望。

目錄

前言

一九九五年九月二日，盧雲踏入他安息之年，並自許承諾，不會讓一天白白溜走而不把在他裏面和身邊發生的事情寫下來。一九九六年八月三十日，盧雲把最後一天的日記加進長達約七百頁的手稿裏，完成了他最後一部著作，而他身為作家的職事也大功告成了。未及重讀、編輯稿件，以及依照一向習慣把日記寄給幾位朋友聽取意見，盧雲猝然病逝。我知道盧雲若然來得及審閱稿本，必會額外注意這本日記原始粗糙的地方，作出不少的改動。為了忠於原稿，我沒有作出太多的改動。結果是這本書沒有了盧雲撰書的完整性和技巧，卻散溢著他生命和心靈的光芒。

一九九五年九月，與盧雲共事共住九年後，我們這個盧雲所屬的團體——方舟團體黎明之家（L'Arche Daybreak）——遣送他進入安息之年，給他的授任令是除了寫作外，對甚麼都要說不。但是，我們忽略了他在友誼方面的需要和恩賜，以及怎樣才是他對此的恰當回應。這本書述說了一段友誼的「奧德賽」漫長流浪；那需要「尤利西斯」的高度能耐，才能完成此艱辛旅程，並沿途寫下書籍五部。

在原來的日誌，與盧雲聯繫的超過一千人，除了與人見面、同領聖餐外，盧雲不時給予別人安慰、輔導。在友情方面，盧雲提過超過六百個名字。聖誕翌日，他說：「我心裏充滿感激與鍾愛之情，但願我能擁抱我的每一位朋友，讓他們知道我是多麼珍視他們、想念他們……我感到我整個人，我的靈、魂、體都渴想著付出及接受無條件、無懼怕、無保留的愛。」許多他在日記裏提及的人都見證了與盧雲相見是一件人生「大事」，因為他是如斯充滿愛顧、善聽人意，毫不吝嗇自己的時間，樂於與人作伴。日記有很多篇幅都在描寫微細而美好的相處經歷；對於當事人來說，所謂「微細」，其實既美麗，又深刻。

盧雲在他的日記中，就如在他一生中一樣，首先是一個祭司和牧者。他對每日領受聖餐的熱情是貫穿全書的一根線。雖然，盧雲也在婚喪場合與大羣人一同投入慶祝或悼念儀式，不過他個人來說似乎較受人數不多而關係親密的聖餐儀式所滋潤，那裏使他較強烈感應到人與人之間的團結契合。盧雲評講聖經集的每日經文時，會連繫到社會問題、時事專題，或一本新書，又或一件藝術作品一併討論；在當中他靈敏的觸覺與他的人生經驗奇妙地揉合在一起。他這種頭腦與心靈世界的對話，正是他屬靈生命的特質，而這也是豐富的屬靈信息的來源。

在整本日記中，盧雲都深受疲勞困擾。「為甚麼我會這麼疲倦？」他問自己。「儘管我已睡個夠、睡個痛快，但醒來時仍擺脱不了一種極其疲軟的感覺……但一切都需要無比的精力。每當工作了幾小時後，整個人就會疲頓不堪、全然倒下，老是墮入深不見底的夢鄉……我的軀體喊著酸痛，渴想著一所安息之處。」盧雲已精疲力竭，然而，他和他的朋友都不發現，這種疲累是個不祥之兆。他曾撫心自問：「我感到疲累，究竟是否因為我不能把想做的事辦妥這般簡單，還是因為背負著一些比我偉大的事情，一些賜了給我好叫我能減輕別人的擔子的事情？」這無疑是啟發思考的神學反省，但想到盧雲的驟然離世，這種想法並不令人寬慰。

盧雲的朋友羅利飛行家族（the Flying Rodleighs）在日記中一次又一次登場，從中盧雲意識到一種對他的職事和寫作全新而較深的召喚。他們溫馨的友誼、他們在吊架上的造詣和雍容、他們這羣藝人小團體的生活方式，觸動了盧雲心靈深處的岩層。在他們的表演中，盧雲瞥見他自己一些埋藏深處的渴望的藝術展現，他承認與他們的相遇使他猛然進入一種新的意識當中。盧雲與他的朋友都希望他在安息年假期間寫下一本關於馬戲團的書，這個關於他生命與寫作一段歷程的計劃，雖然在他的意識中已有雛形，卻未成熟至可誕下來。盧雲這樣說：「與羅利飛行家族的交往是這樣的深刻，即使在今天我也不敢稍稍動筆，因為我必須在寫作和生命兩者中都邁進全新的一步，才能把它寫下來。」「每次嘗試提起筆，我都會經歷排山倒海的疑慮，甚至恐懼。」盧雲對高空鞦韆表演的著迷，主要是跟空中飛人與接應拍檔的特殊關係有關。蠻勇的空中飛人在人羣的高空飛盪著，剎那間盪離鞦韆，只張開雙臂，等待拍檔強壯的手臂把他從空氣中接下。「空中飛人一定不能先拉接應者，」羅利（Rodleigh）曾告訴他，「他一定要抱著絕對的信任等候接應。」這種關係激發了盧雲內心深處的夢想，以及他在屬靈生命中想飛的渴望，但這份渴望必須緊扣著那位永恆的接應者，還要愈來愈仰賴祂那雙憐愛的手接應。

在整個安息旅程中，盧雲都捲入一場激烈的內心爭戰中：一方面，他對獨處、禱告、寫作、親密友誼的喜愛與日俱增；另一方面，傳道、演講、旅遊、聖禮、與人合作叫事情成就等仍是他畢生的鍾愛。每次回到寫作桌上，他都感到欣喜，並經常評說那份想多從事寫作的欲望。不過，對盧雲來說，要縮減理想和現實的差距，是何其真、何其痛，而又何其人性的掙扎！

盧雲的生活，時常夾著熱情。在《安息日誌》中，他不諱言自己對友誼和親密關係的需要。他偶然會形容自己那種孤立和孤單的感覺。其中美麗之處不在於他對痛苦的分享，而在於他把自己對痛苦的反應簡單地呈露出來。他並沒有逃遁到傳統的避難所去，陷入無知的或危險的回應；反之，他經歷著那種痛苦，而當痛楚太難熬時，他就會向外求救，讓人分擔他的痛苦。他知道自己脆弱的一面，卻選擇以最忠誠的態度把它活出來。擁有不少成就、深受愛戴的盧雲，卻不能控制這根潛隱的「刺」，但他已漸漸把它與自己的職事結合起來，並接納這是他所愛的職事的一部分。在荷蘭舉行的盧雲葬禮上，范尼雲（Jean Vanier）這樣評說盧雲面對的苦楚：「他的痛楚迸發著他的才情。」

盧雲意識到他在個人的思想、感受、情感上正走近一片新地帶。作為一個人、一個委身別人與教會的人，他正闖進更深入的境地。但他並非不無疑慮的。他揣度著：「非我所願，我感到內心有某種壓力，叫自己努力保持 [作為天主教神職人員、作家、屬靈領袖的] 聲譽，做一些、講一些、寫一些符合天主教會、黎明之家、我的家人、朋友、讀者期望的事情……近來我感到身陷其中，經歷到它帶來的制肘……完成我的職事究竟是甚麼意思？是否要我跟自己較早期的生活和思想方式一致，還是要求我敢於往新方向邁進，即使會因而令一些人失望也在所不計？」盧雲接著說，這些新問題涉及他生命的每個層面，包括團契、禱告、友誼、親密關係、工作、教會、神、生與死各方面。有如那本「馬戲書」在盧雲心中尚未成熟誕生一樣，這份召喚著他的簇新自由尚未在他內心整合成形。他說：「我曉得我並不是完全自由的，因為恐懼的感覺尚未消釋。」盧雲不帶責備亦不感羞恥地正視那些問題的態度，以及他敢於向前推進從而把問題重新整合的作風，叫讀者目睹他是如何熱切地渴望投進新路向的不安全感中。他雖感戰慄，卻不覺羞愧，靠著他這把年紀的智慧，尋找超越發展階段、超越人間限制的新自由，尋找跟其他人，以及跟那位看不見的、他深深信靠又天天相交的神更深入的溝通契合。

盧雲的母親去世後，他在七十年代後期寫了兩本關於母親及他和母親關係的書，卻甚少寫及他跟父親的關係，因為那種關係頗複雜，而他們父子的溝通並不暢達。《安息日誌》描繪了幾幅動人的圖畫：一個九十三歲的父親與他的六十四歲兒子共聚美妙的天倫。盧雲這樣打趣地記述他由加拿大到荷蘭探望父親時的情景：父親甫見盧雲就對他說：「嗯，你的頭髮急需修剪！」「你最好立刻去睡一頓，才能趕上你的睡意。」盧雲說：「父親永遠是父親！」盧雲曾深刻地剖開父子倆關係的歷史片斷，以及他對兩人奇妙的復和關係的認識。他在日記中告訴我們：「很久以前，當我們有衝突時，父親說：『作為一個心理學家，你曉得一切關於專制父親的理論。為著你有一個而高興吧，可別想改變他！』……當我三十二歲而父親六十一歲時，我們屬於不同的世代，兩人相距甚遠。但當我們都老了，少了一點防衛心，我開始發現我倆竟頗為相似。今天，對著鏡中的我時，我看見六十四歲的父親……我立時感到我和他最大的分歧是年齡，而不是性格……要在三十年前出現我倆今天的默契壓根兒不能想像……如今兩個老頭子坐在火爐旁暖著雙手……也許，他必須是九十三而我又必須是六十四這種事情才會發生！

今天，我倆彷彿變成同一代的人，彼此變得接近，接近死亡，接近對方。為著我的父親，我感謝神。」除了他們必須是九十三和六十四外，他們也必須在艱辛的歲月裏不斷忠於對方，以至他們較易掙脫和消解由誤會造成的痛苦。父子各自的偏執使兩人的關係在不同情況下變得脆弱，今天他們享受的溫馨與親密，其實是這段長年累月的含糊關係經歷漫長而痛苦的演進的成果。

《安息日誌》是相當簡單的一本書，勾劃了盧雲回家路途最後一段行程的思想和活動。他對路途和家的信念遍佈全書，見證了他要憑著對神不斷更新和變化的信心活出自己的職事那份畢生的渴求和掙扎。這個見證本身已是寶貴的紀錄。這樣的書，有待細細咀嚼，而讀者要注意著、與盧雲一同反省著一個特殊經歷、一樁聖經或新聞記載的事件、一本新書的洞見、一場音樂會或一件藝術品的背景等的蘊涵。當中潛伏了太多靜默而隱蔽的深度與奧妙，焦急而好奇的讀者大概會錯失品嘗。

盧雲怎會知道，這本《安息日誌》竟是他死亡的前奏；他回到黎明之家三星期後就與世長辭了。這部日記正是他幾年前在《我們最大的恩賜》（*Our Greatest Gift*）談到對死亡改觀的文字的生動見證：

在某方面來説，我相信「與自己的死亡為友」這項孤單的任務不單是服事自己這麼簡單，它或許也能服事他人。我抱著在別人的人生旅途上扶上一把的渴望活出自己的一生，但我不時發現除了自己開展的旅程外，我可以付出的東西甚少。我憑甚麼宣告喜樂、和平、原諒、復和的信息？——除非它們是我生命裏頭有血有肉的一部分。我常常渴想做別人的好牧者，但同時我亦深知，好牧人是會放下自身的生命，把他們的痛苦與喜樂、疑慮與盼望、恐懼與愛都交給他們的朋友。

但願盧雲盛載恩賜的文字與生命牧養我們，帶領我們在友誼中彼此相知相遇，引領我們樂於面對從求索而來的問題，引導我們分享分擔自身的喜樂與痛苦，指引我們通過信靠那位隨時接應我們並在永恆的喜樂中使我們重聚的至高者，與死亡為友。

遺稿管理人

蘇 • 莫斯特勒（Sue Mosteller）

盧雲文字中心（Henri Nouwen Literary Centre）

黎明之家

S e p t e m b e r

1995 年 9 月

9月2日 星期六

奧克維爾，安大略省

這是我踏上安息之旅的第一天。我感到既興奮又焦慮；既抱有希冀，又帶著憂懼；既拖曳著疲累，又溢滿著熱望，渴想做千百樣的事情。未來一年在我面前敞開，彷如一大片遼闊的平原，花卉遍佈，蘆葦蔓生。我當如何走在這片偌大的土地上呢？一旦走到原野的盡處，又會學到甚麼樣的事情？

九年前同一個週末，我抵達黎明之家。那時剛好寫完一部靈修日誌，把各種引領我離開哈佛神學院（Harvard Divinity School）、加入「方舟團體」（the Ark）的思緒、感觸、情感、情懷都寫下來。要迎接這個轉變，用了好一年的時間。那其實是我第一次的休假旅程，期間我的心靈逐漸敞開，進入了一個全新的生命，一個與精神殘障者共度的生命。《黎明路上》（*The Road to Daybreak*）就是那次安息之旅的紀錄。

現在，足足九年後的今天，我坐在我的小寓所中，那是漢斯和瑪格麗特在奧克維爾（Oakville）的家中為我預備的房間，奧克維爾就在多倫多（Toronto）

附近。漢斯和瑪格麗特邀請我在「空閒年」的頭兩個星期到他們的家裏暫住。漢斯説：「盡情放鬆吧，儘管大吃大睡，做自己想做的事。」

一種奇怪的感覺向我襲來！我竟同時感到非常愉快與非常惶恐。我常夢想可以有一整年時間遠離約會、會議、演講、外遊、書信、電話——完全沒有羈絆的一年，好讓一些叫人震憾的全新事情得以發生。但我能容讓這樣的一年出現嗎？我能夠拋開一切叫我感到重要和有價值的事情嗎？我曉得自己已經染上了忙碌癮，經歷到少許因為抽離而惹來的焦燥不安。我得把自己綁紮在椅子上，控制那些驅使我站起身子，為抓著我目光的事情忙個不休的強烈衝動。

然而，潛藏在各種焦慮底層的，是一種無比的喜樂。終於享有自由身了！可自由地作出批判性的思考，或深深地感受身邊的一切，或獻上前所未有的禱告。自由地把過往九年儲存在心靈或腦海中的種種經歷書寫下來。自由地建立更深的友誼，找出表達愛心的嶄新方式。更甚者，是自由地與神的天使搏鬥，懇求神賜下全新的祝福。剛過去的三個月彷如在越野賽障礙重重的跑道上奔命。我經常問：「如何才能熬到九月？」想不到現在就是了。終於等到今天了，我為此感到歡欣不已。

有一事叫我深受幫助，就是送我上這次休假旅程的，是黎明之家。這是一項使命！他們不容許我為休足一年假而抱有罪疚感。相反地，要是我再度忙碌起來，他們會認同我該為此而感內疚。雖然許多我在黎明之家結識的朋友如卡麗（Carrie）和傑弗（Geoff）都這樣說：「我們捨不得你！」但他們同時說：「你離開一會兒，對你對我們都是好事。」他們的支持，叫我深信暫且離羣獨處、閱讀、寫作、祈禱，從而活出新的生命，叫自己和整個羣體的生命都結出果子，乃是我的職事。這對我來說是莫大的支持，讓我能瀟灑地讓時間在身邊滑溜之餘，不會單單以此為自我意願的實踐，還會視之為履行羣體旨意的一種方式。我甚至可把它看為一個順服的行動呢！

昨晚，漢斯和他的女兒瑪婭（Maja）到黎明之家來參加星期五晚的聖餐聚會，然後把我接走。車子駛往奧克維爾時，漢斯說：「我來是要確保你沒有多留一天的藉口。」

此刻，我只能踏上新的旅程，再沒有任何事能成為我的藉口了，我必須相信一切將會安然無恙。我清楚知道必須寫下日記，就如來黎明之家前一年的情形一樣。我向自己許下承諾，不要讓一天悄悄溜走而不以最誠實、最直接的筆觸，寫下在我內心和四周發生的一切。這殊不容易，因為我不知敞在我面前的原野是怎個樣子，但我已作好了探險的準備。

我以傅高爾特的查理斯（Charles de Foucauld）的禱文，揭開這個安息年的序幕。我每天都抱著悸懼的心情來頌讀這篇禱文：

父啊，我把自己全然交到祢的手中。
一切事情悉憑祢的旨意。
祢無論作甚麼，我都獻上感謝。
我已準備好面對一切，接受一切。
只求祢的旨意成全，在我身上，
並在一切祢所創造的生物上。

我將我的靈魂交在祢手裏。
我以蘊藏在我內心全部的愛，把它獻上。
因為主啊，我愛祢，所以我想獻上自己，
把自己全然降服在祢的手中，
毫無保留地，並帶著無限的信心，
因為祢是我的父神。
阿們。

我的潛意識當然還未進入休假狀態！昨晚老是做著極狂野極混亂的夢。夢見自己不能準時出席會議，不能履行我所有的責任，不能完成我該完成的工作。我的夢擠滿了憤怒的人，他們責怪我沒有完成他們要我做的事情；也充斥著急需即時回應的書信和傳真文件。每次我從夢中驚醒過來，發現自己正躺臥在朋友家中寧靜而清幽的客房，而整天根本沒有訂下任何計劃，我不禁傻笑起來。惟一能說的，就是這句簡單的禱詞：「主耶穌基督啊，憐憫我吧。」

禱告是貫通我的潛意識與意識生命的橋樑。禱告把我的思想與感情、意志與情緒、腦袋與肚皮連接起來。禱告是讓賜予生命的聖靈滲透我全身每一部位的途徑。禱告是神聖的工具，通過它我才能達致個人的完整性、一致性，享有內裏的平靜。

那我的禱告生命又如何呢？我喜歡祈禱嗎？我想祈禱嗎？我有花時間祈禱嗎？坦白說，我三者都不是。在世上活了六十三年，加入了神職人員的行列三十八載，我的禱告生活如今儼如岩石般僵硬。還記得那些叫人緬懷的青蔥歲月，年輕的我，是不能離開教堂半步的。我會雙膝跪下多個鐘頭，內心深深感受到主耶穌的同在。那時候，我怎也不能相信不是所有人都渴望祈禱的；禱告是何等親密，何等窩心。正是在這些禱告不絕的日子，我漸漸被模造為一個神職人員。其後的歲月，我十分留意禱告的真義，閱讀啦，寫作啦，探訪修道院和禱告之家啦，還引領好些人在靈修之旅上進深。如今，我的內心應該綻放著由禱告點燃的屬靈烈焰。很多人覺得我是這樣，並認為禱告是我最大的恩賜和最深的渴望。

真實的情況卻是，我在禱告的時候，並沒有些許深刻的感受。沒有熾熱的情感，或官能的刺激，或心靈的洞見。我的五官沒有被觸動——嗅不到特別的氣味，聽不到獨特的聲音，看不見特異的影像，嘗不到奇特的味道，也沒有作出特殊的動作。縱使在一段頗長的時間內，我是清楚曉得聖靈藉著我的肉體來成就祂的事工，但如今我卻感應不到甚麼。一向以為人年事愈高、愈近死亡，禱告就會變得較為容易，但事情似乎剛好相反。我目前的祈禱狀況，**漆黑**和**乾枯**兩個詞語似乎最能把它形容出來。

也許，我的祈禱生活變得漆黑黯淡、乾旱枯竭，部分原因是我過度活躍。年紀愈大，我就愈忙，放在禱告的時間就愈來愈少。不過我也許不應循這條思路來責備自己。真正的問題是：「所謂漆黑和乾枯是甚麼意思？要我注意的是甚麼事情？」單是思索這兩條問題，已足以成為這次安息假期的主要任務。想起耶穌走到祂生命的盡頭時，曾有一種被神捨棄的感覺。祂在十字架上大聲呼喊：「我的神！我的神！為甚麼離棄我？」(太二十七46) 那時候，祂的身體受盡折磨和摧殘，祂的心靈再也不能抓緊存活世上的意義，祂的靈魂亦得不到絲毫的安慰。雖然這樣，水和血這些新生命的記號，卻從祂破碎的心靈湧流出來。

我的禱告光景如斯漆黑與枯乾，究竟標誌著神已離我而去，還是揭示著神正以一種超乎人類感官世界所能體認的方式與我同在？我禱告生命的僵死，究竟反映了神與我親密的聯繫已告一段落，還是意味著一種新的契合已然誕生，超越文字、感情和官能感應？

我坐下來半小時了，嘗試享受神的同在，以及向神禱告。沒有甚麼事發生，叫我有一種想向朋友傾訴的意欲。可是，這或許是與基督一同死去的一種方式。

未來的一年肯定是祈禱年；儘管我說過我的祈禱生活儼如岩石般僵硬。我的禱告固然僵固乏力，但在我裏頭的聖靈的禱告卻不一定是這樣。也許現在是我豁出去的時候：把**我**的禱告生命、**我**親近神的努力、**我**與神契合的方式，全都釋放出來，好讓神的靈能在我裏面行走自如。「因為凡被神的靈引導的，都是神的兒子。你們所受的，不是奴僕的心，仍舊害怕；所受的，乃是兒子的心，因此我們呼叫：『阿爸！父！』聖靈與我們的心同證我們是神的兒女。」(羅八14~16)

我那些狂野不羈、難以駕馭的夢也許會不斷提醒我，偉大的屬靈工作就在我面前。不過我深信工作不會單單由我一人來承擔。當我走進這些蒙神祝福的日子時，神的靈會與我的靈合而為一，給予我所需的引導。

昨晚，我驅車往多倫多市中心，與內森(Nathan)和蘇共晉晚餐。內森是黎明之家的負責人，蘇則是牧師，在我休假期間接替我的工作。我們聚在一起，不為甚麼，只想共嘗以往九年點滴滋長的友情。黎明之家成立至今已有二十五年的歷史了，我和內森在同一天抵達黎明之家，而蘇大部分時間都住在這裏，她是其中一位力邀我到加拿大加入成為她們一分子的人。我們三人不僅在同一團體生活，在許多方面共事共處，而且成為了要好的朋友。昨晚大家正好為這份友誼乾杯。

迎望未來的一年，我深感對我來說，友誼跟禱告同樣重要，甚至較禱告重要。我十分需要友誼，需要的程度超乎「尋常」。每當我想起人生的悲與喜、苦與樂時，成就、金錢、職業、國家、教會似乎都不在我的思念中，腦海中浮現的盡是真摯的友情。我跟內森和蘇的友誼清楚地證實了這一點。那些與他們二人有關的狂喜與創痛，正是我在黎明之家度過的九年光陰的標記。

在紛繁的友誼中，我感到既被拒絕，又受支持；既遭遺棄，又被擁抱；既被憎恨，又受愛護。一切紛擾過後，我發現友誼是一項真正的操練。沒有甚麼東西可看作是理所當然的；沒有甚麼事情是自動發生的；沒有甚麼結果是毋需耗費心力而自然產生的。友誼除了有賴信任、耐性、體貼、勇敢、悔悟、寬恕、稱許等情操的澆灌外，最重要的，是對朋友的忠誠。叫我感到奧妙莫名的，是我很容易會以為一切已經完蛋了，內森和蘇已經出賣或丟棄我了；而嫉妒、憤恨、惱怒、憂愁的情緒很容易籠罩我。不過，叫我倍感奧妙莫名的，是我們仍然是朋友，不錯，還是最好的朋友。當然，這是我們三人艱辛努力的成果。

離開黎明之家一年，我給自己的問題是：「在這一年內，我如何能活出友誼的真諦？」我是否要感受何謂「眼不見，心不想」的滋味，然後陷入憂悒的絕望中？還是我能走進一片內在的淨土，而在這片新天新地上，我能夠相信不論是否在對方的視程內，情感的聯繫都可以不斷加深。上述人際關係的兩極情況，我極有可能會同時經歷，最好先有心理準備。不過，無論我有甚麼「感受」，我必須保持內裏的忠誠；在友誼上作出忠誠的選擇，尤為重要。

就這方面來說，我在禱告和友誼上的掙扎頗為相像。我的禱告與友誼同樣需要淨化，要變得少依附於稍縱即逝的情感，而多植根於歷時不衰的承擔感。寫出這一點，我好像蠻有智慧的！其實我早已知道自己的肉體與靈魂可能需要極多的操練，才能活出這樣的智慧。

晚飯後，我、蘇和內森三人到電影院看《太陽神十三號》（*Apollo 13*）。這部電影是關於一次登陸月球的計劃失敗後，三個太空人成功獲救而安全返抵地球的故事。各種懾人心魂的攝影技術展現的，是人際關係和逆境求生所需的操練。觀賞電影的當兒，我領略到從某種角度來看，我們三人同樣是船上的太空人，正努力不懈地要把太空船安全地駛回地球。我猜對一切敢於為友情冒險的人來說，這也是他們真確的感受。

憑著漢斯和瑪格麗特家中的凸窗往外看，一望無垠的安大略湖（Lake Ontario）盡收眼底。我的眼睛給海天一色的奇景抓住了，特別是那條叫海天相接的分界線，最是淒迷。彷似藍碰灰，又像灰碰藍，既是藍疊藍，又是灰疊灰。無盡的灰光藍影，無盡的灰影藍光。就像一幅抽象畫，雖然當中的一切影像全都冥化為一根線；但這根線卻把天與地、靈與軀、生與死接連起來。

單是凝望這條藍灰色的線，已叫人進入冥想的狀態中。這不僅使我的心境與思緒都變得寧和，而且帶給我一份歸屬感，一份使我能突破日常存在的制肘的歸屬感。湖水與天空經常都是空蕩蕩的；偶爾，在遠處，一艘帆船飄過，一架飛機滑過，但它們都不會跨越這條界線。橫跨它可意味著死亡呢！

剛過去的星期天，在一場加拿大的國家空軍飛行演出中，皇家空軍寧錄號（Nimrod）失事墜落安大略湖，機內七個士兵無一生還。湛藍的天空忽爾成為詭詐的穹隆；平靜、閃爍的水面驀地變成貪婪的洪水猛獸；而這根水天分界線也遽然化為繃緊的鋼絲，稍一不慎，走鋼索的人就會粉身碎骨，一無所有。

我要定睛注視這道淒冷的藍線，它迫使我面對生與死、善與惡、溫柔與粗暴，它叫我的心爆裂，經歷存在深處的深邃。

如今，夜幕低垂，黑暗徐徐的掩蓋大地。藍線消失無蹤，一切復歸靜穆。

昨晚，我打電話給約瑟夫•貝爾納丹主教(Cardinal Joseph Bernardin)，問候他的健康狀況。這位芝加哥紅衣主教說：「亨利，很高興聽到你的聲音。昨天我重返工作崗位了，每日工作半天，我的表現挺不錯呀！」他的聲音洪亮，充滿活力。我說：「自從七月拜望你後，我常常想起你，為你祈禱。現在聽你說起話來精神飽滿，又可重新投入工作，我真的感到很高興！」他接著說：「我不知怎告訴你，亨利，你那次前來探訪，與我一起禱告，還送了幾部你的著作給我，對我來說有非常重大的意義。再次謝謝你。那次確是天恩臨在的特殊時刻。」

七月的探訪，如今仍歷歷在目。當時我在芝加哥，參加國家天主教愛滋病人牧養工作會議。那段期間的報章正廣泛報導著貝爾納丹主教患上胰癌，做了大型手術，並接受了放射療法的情況。我抵達芝加哥(Chicago)後不久，我的同工好友鮑勃(Bob)致電給我，說主教想我到他那裏一聚。

我跟主教共聚了半小時，一邊談話，一邊禱告。談話的內容叫我深受感動。他告訴我斯蒂文(Steven)的故事。斯蒂文曾錯誤地控告主教性虐待，然後又撤銷自己的控告。這件事在當年轟動一時，主教為此深受打擊，苦不堪言。整件事情告一段落後，主教決定到費城(Philadelphia)探訪斯蒂文，表達對他的寬恕，並與他禱告，同領聖餐。患上愛滋病的斯蒂文本來對教會心懷敵恨，卻被主教的和解行為深深打動了。這對主教和對斯蒂文來說，都是人生最重要的一刻，屬於真正療傷的一刻。

「現在我和斯蒂文都身患重病，他染上愛滋，我得了癌症，」主教說。「我們都必須迎接死亡。差不多每一個月，斯蒂文會打電話來問候我。這對我來說有莫大的意義，我們如今真的能互相扶持。」

正當主教告訴我這一切時，我感到與他很接近。他是我的弟兄，我的人類同胞，像我一般的掙扎著。我不知不覺地叫他做約瑟夫，漏掉了「主教」或「主教閣下」的稱謂。

「這是天恩眷顧的時刻，」約瑟夫說。「到醫院接受治療時，我不想從側門逕直往醫生的辦公室去。不，我想探望一下其他活在死亡陰影下的癌症病人，我想以弟兄和朋友的身分與他們坐在一塊，給他們一些安慰和支持。自從患病以來，我有了全新的事奉方向，我為此不勝感激。」

我們談及死亡。我的母親是在完成胰癌切割手術後去世的，所以我知道約瑟夫患上的是何等嚴重的疾病。面對頑疾，約瑟夫十分樂觀，預期自己會生存下來，能夠重投工作的懷抱。儘管這樣，他卻不怕談論自己的死。坐在他身邊時，我愈來愈深信他的疾病，以及隨時會臨到他身上的死亡，可能是他要獻給今天的教會最大的禮物。那麼多人死於愛滋和癌症，那麼多人死於饑荒、戰禍、暴力，約瑟夫的疾病和死亡能否化為真正悲憫的事奉，獻給這些淒苦的人？他能否像基督一樣，為別人而活出生命來？叫我感恩不已的，是他沒有從後門進入醫院，而是由正門步入，沿路探望病人。叫我感恩不已的，是患上愛滋的斯蒂文仍活著，給他鼓勵。叫我感恩不已的，是他樂意喝此苦杯，還深信這是他一生中最美的時刻。

無疑，我衷心盼望約瑟夫能戰勝癌瘤，完全康復過來。他現已重回工作崗位，叫我大為寬慰。在我心目中，約瑟夫・貝爾納丹主教是今日天主教會極重要的宗教領袖。我明白他在芝加哥的會眾是何等渴望他能繼續當他們的屬靈領袖。

可是，約瑟夫總有一天會與世長辭的。這個絕症使他認識到死亡正迫在眉睫。我祈求他在這一年跟斯蒂文和自己的癌腫相處的經歷，能讓他好好活出未來的日子；而這些日子不論是長是短，都能成為他一生中最富悲憫的時光，使他能結出豐碩的果實，遠遠超乎死亡給他劃下的界線。

昨晚，多倫多國際電影節正式揭幕，為期十天，於九月十六日閉幕，數以百部來自多個國家和文化的新影片薈萃一堂。漢斯買了一本電影節的目錄冊子，交給我「研究」。這本冊子插圖豐富，並附有每部電影的內容介紹。

我逐頁翻看它時，驚訝地發現它原來是一部當代故事集。每部電影都在講述人如何活著、受苦、死亡的故事。大部分故事都談及人際關係，或溫柔而體貼，或狂野而暴虐。它們全都提供了一個角度，讓我們得以管窺今天的非洲、亞洲、拉丁美洲、澳洲和北美洲是怎個模樣的。

冊子的小標題為「摩登世紀營養大全」，但其中大部分食物都頗為苦澀。我們身處的年代，固然極度迷糊、變化急劇、人心困惑、道德紛亂；然而，在慌惑亂迷當中，卻有英勇的行為、善良的本性、犧牲的精神，以及對歸屬感的深切渴求。我想不出有任何較這個電影節更好的途徑，讓我能認識二十世紀末人類的所想所求，因為電影講述的，盡是生活在我們年代男女老幼的故事。也許有人不同意我的想法，認為這些故事不是正常的生活寫照，而是非常個別的例子；但我們不能否認這些故事正觸碰著我們社會最敏感的神經地帶。

無論想看哪一部電影，要是現在才買入場券的話，當然非常困難，甚至是不可能的事。門票老早在電影節開幕前已售罄。誰不想看小說、聽故事，從而在一個較大、又或許較傳奇、較明晰、較激盪的層面來經歷自身的故事？在過去的二十五年間，我寫過不少散文，當中不乏反省和默想的隨筆，惟獨是欠缺像樣的故事。何解？也許我的道德感太強，驅使我側重那些我覺得必須加以宣揚、叫人振奮的信息，於是對於日常生活往往含混不清的現實較不在意，因為振奮人心的信息只能在現實的枝節中即興產生。也許，我害怕觸碰那片讓新生命誕生的濕土，並對開放式故事的結局抱有焦慮。也許吧。不過我肯定人人都喜歡聽故事，由走出娘胎到撒手人寰的一刻，也都如是。故事把我們微小的生命跟周遭的世界連接起來，我們得以在當中發掘自己是誰。聖經是一部故事書，福音書是四個關於耶穌基督降臨、死亡、復活的故事，而耶穌自己更是一個偉大的說書人。

踏上這次安息之旅時，我已曉得身為一個神職人員，必須成為一個講故事的人。我有很多故事可說。可是，第一個問題是：「如何把它們說得動聽？」說故事並不容易，特別是當你亟欲長話短說，帶出大團圓的結局。第二個問題是：「我何來勇氣寫一些跟早已創造的框架並不相符的故事？」

無論前面要走的路如何，多倫多國際電影節正好發出了嘹亮的號角聲，號召我只管放膽寫下人生的故事！

今日，我的休假旅程剛好過了一週，但我還沒正式動筆呢！不錯，我每天都在這本日記上寫下一些文字，又在我的小筆記簿中記下「每天的思緒」；然而，我總是有點遲疑，至今仍未能踏出首個寫作計劃的第一步。那就是寫一本書，關於耶穌向祂的跟從者約翰和雅各提出的一條問題：「我所喝的杯，你們能喝麼？」

我不知道遲疑的因由。我知我想說甚麼，卻不知該如何說。我夢想寫出一種全新的風格，較先前的直接、個人化、故事化，可是回到現實，又茫然若失，不知從何入手。這樣拖下去也不是辦法，今天無論怎樣都要開始寫，不要管甚麼「新的風格」了。

誠然，耶穌的問題：「我所喝的杯，你們能喝麼？」對我來說是一條非常私人的問題。要履行我的職事，我必須喝下許多放在我杯中我不想喝而又必須喝的東西。在剛過去的一個月，「喝祂的杯」

最能形容我活著的境況。細加反思，我愈來愈感到那既是一隻悲傷的杯，又是一隻喜樂的杯。

從昨夜到今晨，我都在翻查聖經中所有提及**杯**的部分，由創世記到啟示錄總共找出六十八段相關的文字。最驚人的發現是，**杯**這個字時而夾著譴責，時而帶著拯救的信息；既是一隻盛載憤怒的杯，又是一隻溢滿祝福的杯；一方面是邪惡者的杯，另一方面又是被揀選者的杯。因此，「我所喝的杯，你們能喝麼？」這條問題變得意義豐饒。生命既充滿悲傷又充滿喜樂，難道它們源出一體？我們如何能把兩者都活到極點，並相信譴責也能化為拯救？

好了，還是立刻動筆吧！再不能找到遲疑的藉口了。

每個晚飯前的黃昏，我都會在飯廳與漢斯、瑪格麗特和他們的客人同領聖餐。

在分享一頓美食前，能把朋友聚在一起禱告是何等美事，我常常為此感恩不已。細聽著朗讀出來的經文，反省經文對我們今天的生活的意義，為許多我們察看到其需要的人祈禱，一同領受主耶穌基督的身體和血，凡此種種，都把我們緊緊地聯繫在一起，當中的感通，決不是任何美妙的談話或上乘的佳餚所能達致的。領聖餐真的使我們成為教會——教堂會眾。這個希臘詞語 *ecclesia* 的意思是一羣受到感召、不再是奴隸的自由人。沒錯，我們都是家人、朋友、工作夥伴。更甚者，我們都是神的子民，一同往天家進發，邁往耶穌基督為我們預備的地方。

生命中的確有不少令人歡欣的事情，不過除非它們能轉化成日後在神的家中耳聞目睹之事的先在體驗，否則，我們這副隨歲月朽壞的軀殼，隨時會叫一切人間的歡愉變得毫無價值、轉瞬即逝、甚至虛無縹緲。

今天朗讀的第二段經文（門10、12~17）是保羅寫給腓利門那封精彩信函的一部分。阿尼西母是腓利門家中逃走的奴隸，保羅在獄中領了他歸主。腓利門書正是保羅為他「在捆鎖中所生的兒子」阿尼西母向腓利門求情的信件。

這封信寫得相當出色。字裏行間既流露了保羅對腓利門及其奴隸阿尼西母的愛，也呈現了滿有說服力的論據，請求腓利門以主內弟兄的身分收納這個逃跑了的奴隸。信中更有含蓄的詭辯，暗示腓利門尚欠保羅一個人情，反映了保羅「靈巧像蛇，純良像鴿子」的一面。保羅對阿尼西母深厚的愛是相當明顯的。事實上，保羅寧可叫阿尼西母留在自己身邊。然而，極可能是歌羅西（Colossae）地主的腓利門是保羅領他歸主的，又是一位有頭有臉的人物，保羅不想疏遠他。因此，保羅打發阿尼西母回到腓利門那裏去，卻又不忘把熱炭堆在腓利門的頭上。保羅是這樣寫的：「他若虧負你，或欠你甚麼，都歸在我的賬上；我必償還，這是我保羅親筆寫的。」（門18~19）

接著，保羅又「狡黠地」加入以下的文字，顯示他並沒打算償還甚麼：「我並不用對你說，連你自己也是虧欠於我。」在保羅的眼中，姑勿論阿尼西母欠下腓利門甚麼，腓利門的蒙恩得救遠足以抵償；假如腓利門珍視他的救恩——以及與保羅的個人關係——最好就依照保羅心中的想法來對待阿尼西母！

在世而又不屬世，用世間的謀略來從事天國的事奉，面對有財有勢的人毫無懼色——使我們認識到在接受之餘是能夠付出更多的：用有錢人明白的方式替窮人求情；一隻手高舉救人的福音，另一隻手拿著威懾的木棒……這全都是保羅富戰鬥精神的事奉的一部分，也是大家同行並肩的旅程的一站。

我們或許會自比作蒙恩得救的奴隸，在世上繼續生活時要求我們眾多的「上司」以弟兄姊妹身分對待我們。不是每一個在我們生命中出現的腓利門都會正面回應我們的請求。有像腓利門書這樣的信未嘗是壞事。有時候，我們或許甚至要寫一封這樣的信給我們已信主的朋友呢！

9月11日 星期一

為甚麼我會這麼疲倦？儘管我已睡個夠、睡個痛快，但醒來時仍擺脫不了一種極其疲軟的感覺，起床只是因為我想做些事情。我感到極度洩氣。只不過是想寫些東西、讀些文字、回應一下別人的請求，但一切都需要無比的精力。每當工作了幾小時後，整個人就會疲頓不堪、全然倒下，老是墮入深不見底的夢鄉。我預期自己在忙得不可開交的暑假過後會身心疲困，卻沒料到經過如斯寧靜的十天後，愈休息就愈感疲乏無力，彷彿一切都沒完沒了似的。

疲勞是奇怪的東西。長久以來，我只要把它拒諸門外，不加理會，就可以機械性地繼續工作，特別是當有很多日常工作等著要做時，更是這樣。然而，當最終能騰出時間和空間，做一些全新的、蠻有創意的事情時，一切壓抑已久的疲憊卻遽然湧至，有如河水泛濫般把我淹沒，使我整個人都癱瘓了。

對於自己的時間，我有頗強的支配意識。我很想善用一分一秒，實踐一些渴想已久的計劃。我很難忍受虛耗光陰；縱然我想寫一些關於把時間揮霍在神、朋友、貧苦人身上的事情。我本身就是這樣一個充滿矛盾的人！

漢斯不時取笑我：「你來這裏是為了休息，為了關掉忙碌的按鈕，可是你度假的方式就像在幹一番大業一樣！」他說得對，不過能察看得到與能實踐出來之間有極大的距離呢！

對我來說，真正的問題是：如何活出一己的疲勞，使它化成一種使靈魂邁進更深處的經歷？如何以忍耐的心活出它，從而充分體驗它帶來的苦楚與疼痛？

我並不是世上惟一感到疲軟乏勁的人。我走在繁囂的多倫多市時，不難發現來去匆匆的男男女女總是掛著一臉臉的倦容。他們看來心事重重的，不是記掛著家庭、工作，就是數算著日落前必須完成的種種事情。我觀看電視的新聞廣播節目時，鏡頭下的波斯尼亞（Bosnia）、盧旺達（Rwanda）和許多戰亂地區的臉容告訴我，全人類都是倦兮兮的，不僅是疲乏困倦，甚至是精疲力竭。

我得把一己的小疲累跟全人類的大疲困連起來看。我們是疲乏一族類，背負著一個叫我們疲憊不堪的擔子。耶穌說：「凡勞苦擔重擔的人，可以到我這裏來。你們當負我的軛——這也是全世界的軛——然後你會發現我的軛是容易的，我的擔子是輕省的。」叫我深深感動的是，耶穌說的不是：「我會把你的擔子挪開」，而是：「當負神的軛」。

那麼，神的擔子是甚麼呢？我感到疲累，究竟是否因為我不能把想做的事辦妥這般簡單，還是因為我背負著一些比我偉大的事情，一些賜了給我好叫我能減輕別人的擔子的事情？

自從住在漢斯和瑪格麗特家中以來，我已幾度駕車到多倫多市中心了。在伊莉沙伯大道(Queen Elizabeth Way)和園丁公路(Gardener Expressway)上奔馳，內心不期然產生了一種相當獨特的城市感觸，非其他快速幹道所能比擬的。在伊莉沙伯大道上，加拿大國家紀念塔(CN Tower)的穹頂和伏在它四周的高樓大廈漸入眼簾。當車子從伊莉沙伯大道的盡頭駛進高架的園丁公路時，剛才的一切高廈倏地變成一個氣派萬千的大劇場，一齣大型歌舞劇即將就地上演。

我內心第一次湧起一種喜歡多倫多的感覺！從來沒想過自己會愛上一個城市。我曾在印第安納州(Indiana)的南本德(South Bend)、康涅狄格州(Connecticut)的紐黑文(New Haven)、馬薩諸塞州的坎布里奇(Cambridge)住上好一段日子，但從來沒一種特別的歸屬感。至於到北美前住過的幾個荷蘭城鎮，也沒有讓我產生一種濃烈的親切感。在多倫多住了九年的今天，我竟爾感到這是我的城市，而我是屬於這個地方的！

還記得從荷蘭乘船抵達北美的一刻，我第一次看見紐約的空中輪廓線，頓時心醉神迷。我的朋友第一次在湖岸路(Lake Shore Drive)載我風馳電掣時，芝加哥的空中輪廓線使我心馳神往。此外，三藩市(San Francisco)、達拉斯(Dallas)、休斯敦(Houston)的空中輪廓線紛紛鑿刻在我的腦袋中，叫我一見難忘。可是，這個星期看過多倫多的空中輪廓線幾次後，我聽見自己的心在說：「這是我的城市，這是我的家，令人太興奮了。這裏太美麗了，能住在這裏真榮幸。」這是多奇妙的感觸。這是歸屬感的呼喚。

昨晚，我邀請了兩位黎明之家的朋友卡麗和傑弗，在加拿大國家紀念塔頂層的旋轉餐廳共晉晚餐。從寬闊的窗子往外看，整個城市就在我們腳下緩緩移動。在七十分鐘內，我們瞥見多倫多島(Toronto Islands)、海港中心(Harbourfront)、安大略廣場(Ontario Place)、音樂會堂(Music Hall)、大會堂(City Hall)、會議中心(Convention Centre)、皇家約克酒店(Royal York Hotel)，以及多條路軌東逕西走的火車站。我們看見飛機滑來滑去，船隻在湖上徐徐游動，以及數不盡的車子在快速幹道上匍匐前行。從這個角度俯瞰整個城市，內心不禁泛起一種想多了解它的欲望，好叫它真真正正成為**我的**城市，一個我能愛上的城市。

我在這裏的日子要告一段落了。週末會返回黎明之家，然後驅車到波士頓(Boston)去，在那裏逗留到聖誕才離開。

這個週末對我來說饒富意義。從週五到週日，有六個朋友會探訪我們的團體。黎明之家趁此良機，決定在明晚的聖餐聚會中舉行送行儀式，「正式」把我送上安息之旅。

這樣看來，未來的數天可能會異常忙碌。一方面我期待著這一切的來臨；另一方面又帶著幾分緊張，不知一切是否順遂，而過了這樣忙碌的一個週末後，不知大家又是否感到稱心！

這是令人感動的一天。下午五時，瓊(Joan)、菲爾(Phil)、喬安妮(Joanne)、阿曼達(Amanda)、斯科特(Scott)來了。很可惜，弗雷德(Fred)不能來，他放假時弄傷了腳，被迫留在家中。

吃飯時，大家混合而坐。來自不同地方的嘉賓告訴我們一些關於他們自己的事情，又道出到黎明之家的來意。他們想多認識我們，於是比爾(Bill)、琳達(Linda)伴同其他核心成員和事務助理暢談黎明之家的事情，並回答他們的查詢。我們之間有美妙的交流。

八時正，整個羣體聚在一起領聖餐，同時為我舉行送別儀式。我給不期而遇的愛護、友情、關懷覆蓋著。叫人寬慰的言詞、色彩繽紛的賀卡、幽默風趣的短劇，全都向我顯示，我的團體多疼愛我，他們以説不盡的祈禱和鼓勵歡送我踏上安息之旅。

聖餐完結前，黎明之家全體成員一同祝福我。其後，內森代表黎明之家呈上一封他和蘇寫的信，當中包含了我的安息假期聖職授任令。這除了再一次向我表達黎明之家各成員對我的支持外，也正式委任我要對寫作以外的一切工作說**不**，並給予了我一切為了忠於這「使命」而需要的幫助。這封言詞優美的信散發著頑強的愛，召喚我投上真正的順服。

我愈是沉墮在今天所發生的一切的反思中，就愈是發現，成為這個羣體的一分子對我是何等重要。我那個靜不下來的腦袋、那顆容易躁動的心、那副疲乏無力的軀殼，不時會叫我經歷到難熬的寂寞和虛無感，引誘我墮入背棄信約的陷阱中。今晚的授任令正是一個清晰而絕不含混的聲明，宣告我既非孤單，也非無用，並賜我力量，使我得以忠於自己寫作的職事。

充實而愉快的一天！清晨，我和蘇為黎明之家的來賓搞了個小規模的退修會，談論與神契合、與人相交、憐恤窮人等題目。中午十二時三十分，我們一同領聖餐。一頓簡單的午餐過後，我們前往探訪黎明之家的小書店和兩幢樓房。遇見亞當（Adam），瓊很感動，她曾讀過關於他的事情。阿曼達和斯科特跟迎頭碰上的幾個較年輕的事務助理攀談著。菲爾和喬安妮提出了很多問題，像是為著多了解我們而滿心歡喜似的。

黃昏時分，我與來賓出外晚膳，一同享受開放的、無拘無束的談話。內容包括他們對黎明之家的印象及所見所聞、我們成員之間的關係、我們在未來的歲月互相支持的方法。叫我感到特別開心和感恩的，是來訪的朋友告訴我，這次時間短促而活動頗為頻繁的探訪，令他們深受感動。

9月17日 星期日

紐約州的尤蒂卡

中午時分，內森特來接我，以陪我駕車到波士頓去。到了波士頓，我會住在朋友羅伯特·喬納斯的家裏，到聖誕才離去。我暗自擔心要在十二小時的車程中獨自駕車，幸得內森樂意代勞，請纓先把我載到波士頓，然後自己乘飛機回多倫多，好讓我在波士頓有自己的車子代步。這實在叫我感激萬分！我們一直駛到紐約州（New York）的尤蒂卡（Utica）。

9月18日 星期一

馬薩諸塞州的沃特敦

美麗而陽光普照的一天。早上九時，我們從尤蒂卡出發，在下午二時抵達喬納斯和瑪格麗特的家。漫長的車程為我們締造了許多談話的機會。我們天南地北，無所不談，聊天的內容包括黎明之家為我舉行的差遣禮，以及週末嘉賓探訪黎明之家的情景。我們也談及疾病和死亡。內森說：「告訴我你想怎樣，要是你不幸遇上嚴重的交通意外，或患了不治之症。」談論這個也是好的，因為我剛立了一份「生前遺囑」，並授予內森全權以我的名義加以執行。我告訴他我為著能活了這麼多年的生命而感恩，我不想以人工方法延續生命，或進行任何器官移植或特殊的續命手術。我說：「我並沒有將死的感覺，不過如果碰上意外或身患重病，我是有心理準備可隨時死去的，一旦康復無望時，我希望你能夠放心結束我的生命。」內森問：「假如你死去，你想事情怎樣發生？」

我細想了一會後，說：「我不想主宰自己的喪禮或葬禮的形式，我根本不該為此掛心！不過如果你想聽聽我的偏好，我就會這樣説：讓我遠離殯儀館，在我們的木工場做一個簡單的小木棺，讓探望的人在黎明教堂（Dayspring chapel）跟我説再見，然後把我葬在埃爾金・米爾斯公墓（Elgin Mills Cemetery），這是其他黎明之家的成員也能安葬的墓地。還有……一切從簡，讓葬禮散溢著禱告和歡欣的氣息。」

我們也略略談到我的一些尚未出版的書信、筆記簿等事情。我告訴內森我已授權蘇，她可按照自己的判斷，決定把甚麼東西出版。一想到別人會在我死後探索我生命的細節，我便給嚇怕了。然而，當我想到那些十分了解我的好友，就較為安心。我曉得無論我活在人間還是化為記憶，他們都會保護我。

喬納斯、瑪格麗特和他們五歲大的兒子塞繆爾居住在波士頓附近的沃特敦的一幢美麗房子。瑪格麗特的母親薩拉在未來的三個月會到位於馬薩諸塞州的巴雷（Barre）那所靈悟默想中心（Insight Meditation Center）退修。她慷慨地把自己那個雅緻的三樓房間騰出來給我。這個安排令我十分雀躍。這裏既有獨居的寧謐，又有羣體的相通；一方面與多倫多保持距離，另一方面又相隔不遠；既是一個清幽的居室，又鄰近佈滿各式各樣書店和圖書館的城市；最重要的是，我既能在此專心寫作，又可與知己良朋相聚數月。

喬納斯、瑪格麗特和塞繆爾熱情地款待我們。薩拉在晚膳時加入。我們的話題包括瑪格麗特和喬納斯的秋天大計、薩拉將會進行的退修活動、塞繆爾第一堂鋼琴課，以及內森和我的未來夢。

晚飯後我把上星期五領受的聖職授任令展示給喬納斯、瑪格麗特和薩拉看。喬納斯放聲大笑，說：「好吧，我們就成全你吧。要是有人要叩你的門，我們就請他們先看看這個，讓他們知道你來這裏的目的！」

能到這裏來太美好了，我也很難相信，我終於到了這個長久以來夢寐以求的地方。

六時半，我和喬納斯載內森到洛根機場（Logan Airport）去。他的友誼是神賜給我的恩典，為此我向神衷心致謝。

我和喬納斯相識於八十年代初，那時候我正在哈佛神學院任教。有一次，我在坎布里奇的聖保羅教堂（St. Paul's Church）講課時，他來聽課，其後問我能否給予他一些屬靈的指導。不久，我就發現他給我的指導絕不下於我給他的，彼此間的友誼就這樣慢慢地建立起來。今天，回想起兩個不同的生命可以在這麼多方面連繫起來，心中難抑驚詫之情。我離開哈佛往歐洲去的那一年，喬納斯兩度來探望我。我加入了多倫多的黎明之家後，他也登門拜訪。他成為了黎明之家的朋友，與內森、蘇、卡爾（Carl）和許多其他的成員相處融洽。一九八六年，喬納斯和瑪格麗特結婚，自此我就成為了這個新家庭的朋友。其後的日子，他們二人都努力發展他們的專業，並強化和深化個人的生命內涵。本身是心理治療師的喬納斯考取了一個神學碩士學位，而瑪格麗特則由芭芭拉‧哈里斯主教(Bishop Barbara Harris)按立為聖公會的牧師。一九八九年十二月六日，他們的兒子塞繆爾誕生。一九九二年七月二十九日，他們的女兒麗貝卡(Rebecca)來到世界，可惜她活了數小時後，在喬納斯的懷抱中悄然離去。

十年來其中一樣令人特別高興的事情，就是偶爾會與喬納斯一起搞退修會和研討會。喬納斯是個出色的音樂家。他拿著尺八這種日本五孔竹笛，吹奏著無從區分旋律的音樂時，簡直教人進入一種難以言喻的境界，經歷神的靈奇妙的同在。一直以來，我們互相補足，相合無間，享受任由彼此的友誼在其他人生命中開花結果的樂趣。

早在認識喬納斯和瑪格麗特時，我已在哈佛跟薩拉碰過面。還記得她那顆平靜而溫柔的心，留給我如何深刻的印象。如今即將與喬納斯、瑪格麗特、塞繆爾住在一塊，又會在薩拉的房間隱居，我感到又驚又喜！

早上，瑪格麗特帶塞繆爾到幼兒園上課時，我和喬納斯在空鐘樓閣（Empty Bell）領聖餐。那是一個細小而極幽雅的默想中心，坐落在喬納斯的家後面。它原本是一個可容納兩部車子的大汽車房。空鐘樓閣實現了喬納斯多年來的夢想，使他能融合心理療法的知識和屬靈指導的技巧，為不同宗教傳統的人提供一個聚會和祈禱的空間。

還有比這裏更適合我安度假期的地方嗎？在這裏，心理和屬靈的學問可互相交流；禱告與默想的活動可隨意進行；既可共聚天倫，又可互論宗教；既可離羣獨處，又可享受團契，好一處老少咸宜的理想地方！這雖然不是甚麼大型中心或聚會場所，但室雅何須大，一切都來得親切舒適。

空鐘樓閣有個小門廳，訪客可在這裏脱下鞋子，安頓好才走到二樓的祈禱室。祈禱室空蕩無物——給人的感覺不是荒涼、淒清、事事禁制；而是恬靜、寬敞、歡迎光臨。白色的天花臥著橫樑，間接的光線反射其中。木地板上，軟墊圍成圓圈，一個碟狀大鐘盤踞其上，相映成趣。敲打鐘邊，它就會發出叮叮噹噹的迴響，清脆悅耳。窗台上正擺放著不同的東方長笛，一新眼目。

對喬納斯來說，空鐘樓閣是讓身、心、靈療傷、融為一體的地方。我深深相信，這裏將會成為我個人的靈命重新振作、重拾力量的地方。

清晨八時三十分，我加入一個九人小組。他們每隔一個星期四的早上，就會來空鐘樓閣默想和沉思。喬納斯先吹奏尺八叫大家的心靜下來。數分鐘後，他簡述如何「靜聽自己的呼吸」。接下來，大家先進行二十分鐘的冥想，然後聆聽耶穌召喚稅吏馬太「跟從我」的福音故事。這個故事一度成為交流的焦點，圍圈而坐的眾人分別說出一些個人的反省。最後，大家一同禱告。

這是簡單而非常美妙的時刻。雖然小組中我只認識其中二人，卻無損當中親密的屬靈分享，除了理解為神的同在外，很難有別的解釋。

到了中午，薩拉帶我看她的房間，並告訴我她不在家的日子，我可如何善用這個居室。數小時後，她出門了，退修三個月後才回來。在她彎身入車子前，我一邊祈禱，一邊和瑪格麗特、塞繆爾、薩拉擁作一團。我祈求神保守薩拉獨處的日子，好使她的隱居，不僅叫她自己的心靈得益，而且也能使許多人的心靈受惠。

薩拉一臉感激的看著我，說：「是的，我小別的日子同時也是為人而活的日子。」她駕著車子離我們遠去了。

我感到與薩拉之間有種緊密的聯繫。我肯定她在靈悟默想中心的隱居，跟我在她房間的獨處會互相呼應，互相支持。這種彼此拍和的關係，彷如佛教與基督教的一場心靈對話。

今晚，我將會從我的房間搬到薩拉在喬納斯家三樓的居處。這將會是一個嶄新的開始。

喬納斯是附近一所健身會的會員。在內森和喬納斯兩人的游說下，我也加入了。今天是我跟喬納斯第二趟到那裏做運動。

我身上並無丁點兒喜歡逗留在健身會的細胞。運動從來不會在我的生命中扮演甚麼角色。除了偶爾游游泳，從來就不曾做甚麼去保持健美。可是，由於我的體力愈來愈不濟，經常遭疲勞入侵，加上表面上我又擁有充裕的時間，我委實無從拒絕朋友懇切的請求。

對局外人而言，健身會是一個頗為壓制性的地方，有如一處折磨人的場所，當中的男男女女一面發出哼哼唧唧的呻吟聲，一面不停地踩踏車、舉重、任由身體在熱水澡桶中遭煮沸。沒有人説一言。每個人都完全沉浸在自己的心臟、肺部、肌肉的活動中。

我和喬納斯在踏車或「跑步機」上做了二十分鐘的運動。你可以輸入不同的速度，在這部機器的跑步帶上步行、疾走或奔跑。在跑步的當兒，你可取得你想或不想知的一切資料：你的時間、你的路程、你的傾斜度。在你面前的控制板會用顏色虛線顯示你的運動狀況。

往健身會的途中，我買了一部隨身聽，用以收聽馬修・弗科斯(Matthew Fox)題為「創造、靈性及七個圓環」(Creation, Spirituality, and the Seven Chakras)的演講錄音帶。因此，在踏車上跑出汗來的時候，我嘗試善用時間，邊跑邊聽弗科斯的演講。但這樣不行！弗科斯邀請我在動物長出尾巴的部分釋放我的第一個圓環(人體精神力量的中心)，使我從天地萬物中接收神聖的信息；與此同時，我卻十分焦急地、想帶點尊嚴地跑完二十分鐘的路程——兩者似乎相沖相剋，很難同步進行。我所能做的，就是邊跑邊看時鐘！

游泳池、熱水澡桶、蒸氣浴室就人性化得多了。水和蒸氣好像曾是我們的自然生長環境一樣。我對喬納斯說：「也許，在遠古年代，我們是魚。」

回家後，我感到混身鬆軟，必須睡上數小時，才能再做些如思考、寫作等人性的事情。

我還未弄清楚究竟我是否想到健身會去，可我並沒選擇的餘地了。我已交了會費，喬納斯每週會到那裏三趟，並期望我和他同行。好吧，下次我會把弗科斯留在家中，在踏車上漫無目的地跑步時，嘗試跟喬納斯聊聊天打發時間。

這是個小玩意，卻十分奏效。我買了一本小筆記簿，硬皮的封面是大都會藝術博物館(Metropolitan Museum of Art)那幅佩魯西斯聖壇畫(Pérussis Altarpiece)中的天使。這本小冊子名為「博物館劄記」(Museum Notes)，共有一百六十頁不含酸性的空白紙張。

三藩市豎琴(Harper)出版社的湯姆(Tom)和約翰(John)邀請我寫一部年集，內容是每日一思。一想起一年有三百六十五天，我就不知自己如何能勝任！我不相信自己會有那麼多新的靈感，就算是為這件事情而整理舊的思緒，我也何來那麼多呢！

然而，我的博物館劄記對我有很大的幫助。每天，我都寫下一些感觸，還決定了不會用多於一頁來寫一個感想，並把旁邊的一頁留空作日後修訂之用。

這真的變成一個遊戲了。我坐在書桌旁，對自己說：「你有靈感寫給你的天使嗎？」當我把圓珠筆放到紙張上時，腦海往往出現一些思緒。今天，我給了自己一個驚喜，竟然寫了八個感言。假如我的箚記寫滿了八十則，我就會把它們寄到多倫多，請我的祕書凱西將其輸入電腦。然後我就能細加閱讀，看看自己是否經常翻來覆去說著同樣的話。此時此刻，我只管努力面前，不會回看寫過的東西了！要令湯姆和約翰感到滿意，我至少要填滿五本這樣的筆記簿，想起來不禁有點擔心。無論如何，現在不過是九月；要在天使簿上寫心得，前面的日子可多著呢！

昨晚，我重看《太陽神十三號》。今次是與喬納斯和瑪格麗特在沃特敦一間規模較小的電影院觀看。回家後，瑪格麗特給我展示了一部攝影畫冊《我們的地球》(*The Home Planet*)。這本書是凱文・凱利(Kevin W. Kelley)為太空探險家協會(Association of Space Explorers)構思和編選的。

細賞一幀幀從外太空拍攝地球外貌的精美照片，細讀美國和世界各地的宇航員寫下的精湛評論，我感到好像進入了一種新的神祕主義中。從外太空作出的觀察，跟在地球表面所作的似乎十分相似。兩者都反映了人生的無常、人類的合一、「目擊者」的責任、愛的力量、神的深不可測。在一九七一年七月乘太陽神十五號航行太空的詹姆斯・歐文(James Irwin)這樣寫著：

> 地球使我們聯想起點綴聖誕樹的裝飾品，掛在黑沉沉的太空中。當我們愈走愈遠，它就

> 顯得愈來愈小。最後，地球收縮成一粒像彈珠般大小的物體，但它卻是一顆塵世間最美侖美奐的彈珠。這個美麗、暖和、有生命氣息的物體看起來卻脆弱易碎、不堪一擊，彷彿你用手指輕輕一碰，它就會裂成碎塊，在宇宙中灰飛湮滅。看見這般景象，人的心不得不改變！不得不驚歎於神奇妙的愛和創造！

所有太空人都沉醉在母恆星——人類的居所——那份不能傳達的美麗中，不約而同地用不同的方式提出以下的問題：「如何能更愛護我們居住的地球？」把母恆星看成一顆有待照顧和保護的小寶石，是一種極富神祕色彩的體驗，相信只能用**恩典**和**責任**等詞語來捕捉其神髓。在一九六九年乘太陽神九號漫遊太空的拉塞爾．施韋卡特（Russell Schweickart）這樣寫著：

> 你在想，自己究竟經歷到甚麼，為甚麼會有這樣的經歷。你配得起這種不可思議的經歷嗎？是你從某種途徑賺回來的嗎？你是否被篩選出來讓神觸碰，從而擁有其他人所沒有

的經歷？你清楚知道，答案是：不。你並沒有做過一些配得這種經歷的事情；這決不是你賺回來的；這絕不是特別為你而設的。此刻，你非常清楚，這種經歷把你整個人懾住，你於是成為人類的感應部分。你俯瞰這個你一直居住其上的地球的表層，你認識所有在你眼底下的人，他們像是你，他們就是你，而你在某方面來說又代表了他們。你現在高高在上，只不過是因為你是他們的感應部分，為他們探測存在的奧祕；藏在你心中的，是一種謙卑的感覺。這種感覺把你的責任指示出來。那不是為你自己的。眼睛若然看不見東西，就對身體有欠公允。這正是眼睛為甚麼會長在臉龐，而你為甚麼會高懸太空的原因了。你總會在某層面上認識到你是宇宙整全生命一部分。現在站在最前線的你，總會在某程度上把你的體驗帶回地球。這於是成為一種頗為特別的責任。它告訴你一些關於你和所謂生命的關係。因此，它帶來了轉變，帶來了簇新的事情。你回到地球時，如今的世界就顯得有所不同。你跟地球的關係、你跟地球上一切形形總總的生命的

> 關係，都會有所不同，因為你擁有了這種特殊的體驗。一種截然不同的感覺。一種非常寶貴的體驗！

說這樣的話的，豈不是一位神祕主義者、一個目擊者嗎？以賽亞、聖女貞德（Joan of Arc）、十架約翰（John of the Cross）可能也會說著類似的話。他們所見的，既喚起了他們內心極深的謙卑，又呼喚他們承擔極大的責任。他們把看見的異象視作恩典、呼召、一種為全人類而不是單為自己的恩賜。我們內心最隱祕的經歷，正好活出宇宙間最普遍的真理：人的心跟宇宙的心合而為一，這種合一於是成為了新的使命的源頭。

「目擊者」儼如「聖潔的人」，其所見所聞使他們容光煥發、綻放異彩。一九八六年一月乘哥倫比亞七號在太空翱翔的羅伯特•森克（Robert Cenker）這樣寫著：

> 在眾多聽我談及太空經歷的人當中，只有最接近我的人才能漸漸明白我在說甚麼。我的太太從我說話的語調掌握我的意思。我的孩子從我流露的眼神領會我的意思。我的父母

了解我說甚麼，因為他們一直看著我成長。除非你親歷其境，親嘗當中的一切，否則你永不會真正明白。

這就是神祕主義者面對的孤寂。親眼看見、親身經歷一些不能言傳的事物，但又必須向人說明。上述的太空人正道出了我作為神職人員的經歷。這是神的恩典；這使我看見異象；這是呼召，召喚我把所看見的一切告訴其他人；這是悠長的孤單與不能言述的喜樂。

日子過得太快了！在空鐘樓閣與喬納斯、瑪格麗特領聖餐後，我著手撰寫那部關於杯的小冊子的大綱。中午，我和喬納斯又到健身會去。回來的時候，我累透了，在踏車上不停的「乾跑步」，以及在樓梯機上的爬行運動，使我體力全消，跌落深沉的夢鄉，睡了超過兩小時。

現在，我感到內疚，因為今天做的事情太少了。我想思索、閱讀、書寫的事情何其多！眼見暮色逐漸昏沉，我的心也變得低沉。然而，我為著能住在這裏而非常感恩。我怎也想不出在哪裏能找到更好的住處、更好的時間、更要好的朋友。我只須耐心信靠，相信我的身體會逐漸恢復體力，以至能夠減少睡眠的時間。

今天讀到的福音書中，耶穌說：「因為掩藏的事，沒有不顯出來的。隱瞞的事，沒有不露出來的。」(可四22) 這段經文鼓勵我好好活出「掩藏」和「隱瞞」的生命。我要相信，我愈是忠於自己的獨處，我的獨處就愈能為我的羣體作出貢獻。我如今明白到用一顆純正的心去過這段日子是何等重要的事。我最個人、最隱祕的思想和感情總會以某種方式、在某個地方變得活躍。我祈求它們顯露出來的時候，會把歡樂帶給看見的人。

上星期日早上七時，美國國務卿沃倫・克里斯托弗(Warren Christopher)收到亞西爾・阿拉法特(Yasir Arafat)和西蒙・佩雷斯(Shimon Peres)打來的一個電話，宣稱他們已達成巴勒斯坦自治的協議。沒有沉潛、謙遜的美國中東談判專員丹尼斯・羅斯(Dennis B. Ross)從中調解，相信這個在國際政治舞台上相當重要的事件就不會成就。

我一向都深深仰慕這位年屆四十五的美國官員。他甚少在公眾場合露面，不愛出風頭，只一心一意為和平而奮鬥。羅斯先生單靠他在馬里蘭州(Maryland)的貝塞斯達(Bethesda)家中的電話，就完成一切調停的工作。當阿拉法特和佩雷斯向克里斯托弗宣告他們達成協議時，他們稱讚羅斯為「第一位促成電話穿梭外交的人」。羅斯不僅非常能幹，而且也非常謙虛。他容讓別人成為眾人的焦點，而自己則喜歡以十分低調的姿態處事。我真想一睹這位真正的和平使者的風采！剛強而謙卑；能幹而謙讓；勇毅

而謙和。「使人和睦的人有福了，因為他們必稱為神的兒子。」（太五9）

被遺棄的感覺常常俯臥身邊，一不留神，它又急速地冒出頭來，不時把我嚇倒。昨天，在我內心的最深處，又浮現這種討厭的感覺。只不過是一種原始的焦慮、表面上跟任何事情都沒有關係。我不斷地問自己：「你為甚麼這樣焦躁？你為甚麼這樣掛慮？你為甚麼這樣局促不安？為甚麼你有這樣強烈的孤單、被遺棄的感覺？」

我致電內森，在他的電話信箱中留下口信。他很快回電，並說黃昏時分會再打電話給我，好讓我們有充裕的時間聊天。

談話消釋了盤纏內心的焦慮，我又重新感到平靜了。沒有人能醫治這個傷口；不過如果能跟好朋友談談它，我便會較為釋然。

這個內在的傷口很容易就會給觸碰，然後又再汩汩的流血，我該如何面對它呢？一個多麼熟悉的傷口！多年來一直默默相隨。我不相信這個傷口——這種極度需要愛的感覺、這種極度懼怕被拒絕的感覺——會有一天離我而去。它就是這樣如影隨形的伴著我，說不定是基於美好的原因呢。也許，它是通往拯救的窄路、走向榮耀的狹道、邁進自由的險徑！

我意識到我這個傷口貌似痛苦的根源，實際上是上主的恩賜。種種短促而激烈的被遺棄經歷把我帶到一個獨特的地方。在那裏，我學習到如何釋放內心的恐懼，把靈魂完全降服在那位以無限的心接納我們的祂的手中。我深深感激內森和其他摯友。他們認識我，又樂於包紮我的傷口。在他們的愛護下，我不但無須流血至死，而且還能昂首闊步，把生命的豐盛全然活出來。

昨晚，我去探一個朋友博比（Bobby）。我們的友誼可從耶魯神學院（Yale Divinity School）的日子算起。那時候，博比是一個學生，我則在那裏任教。二十年來，很多事情在我們身上發生，並穿梭於彼此的友誼之間。博比的際遇卻遠較我的顛沛流離。他受按立為聖公會的牧師、與達納（Dana）結成夫婦後，就讀於哈佛商學院並取得商業政策的博士學位。他對南非的撤資運動深感興趣，應雙日（Doubleday）出版社之邀簽下有關這個題目的著書合同。除了擔負幾個聖公會堂區的重要職務外，他也是哈佛神學院的講師。他的兩個兒子塞繆（Sam）和約翰在這個時期誕生。

驟眼看來，這是一個成功人士的故事，但博比卻是一個血友病患者，每天都要進行靜脈注射。此外，他又患上關節炎，不時要以輪椅代步，視乎健康狀況而定。十餘年前，又證實染上愛滋病。自認識博比以來，他那驚人的意志力、出眾的智慧和毫不動搖的樂觀情緒常叫我欽佩萬分。在婚姻和職業上，他絲毫沒有容讓血友病或愛滋病人的身分擊倒他。

博比向來熱衷政治。兩年前，他剛從為期半年的南非之行回來，就展開角逐馬薩諸塞州的副州長的活動。在南非期間，南非社會對民主的堅持，叫博比深受鼓舞。他投上了無窮的精力，在一九九四年九月成功贏取了民主黨的初選席位。他的參選點燃了沛然的公眾熱忱，部分原因是他坦誠地公開自己的血友病和愛滋病患者的身分。縱是這樣，在十一月點票時，他和民主黨競逐州長的候選人雙雙敗於共和黨的現職官員手下。他重返哈佛神學院，隨即發現本來允諾給他的教席不復存在。

不如意之事接踵而來，繼副州長競選落敗、哈佛教席溜掉後，博比那段多年來飽受愛滋困擾的婚姻，也告破裂。大好家庭也就此失去了。於是，他先後失去了工作、家庭、居所，以及經濟上的依靠。以往一切的成功全都化為烏有。縱使他擁有很大的恩賜，但一切似乎都徒勞無功。

昨晚與博比聊天時，他說：「我其實不曉得自己能否在這麼多打擊中活過來，但我成功了。我剛好找到一個住所，能夠接待偶爾到訪的孩子。我有一個常關懷我的好朋友。有一份吸引的工作等著我。

在自己也料想不到的情況下，我再次感到嶄新的喜樂和盼望。」

最打動我心的，是在諸般失敗和羞辱當中，博比仍能享受生命的微小恩惠。他說：「我很喜歡與孩子相處的日子，每當他們來找我，我就把全副心神都放在他們身上，我們共聚的時光美妙極了！」他逐一數算著感恩的事：享受一頓美食、擁有真摯的友誼、教兩個兒子塞繆和約翰玩足球遊戲、在公園漫步、在家中弄一個禱告用的小房間、讀一本好書、寫完自己的書。

回家後，我還為著博比頑強的生命復原力，感到非常驚訝。這令我想起保羅的經歷：「我們四面受敵，卻不被困住；心裏作難，卻不至失望；遭逼迫，卻不被丟棄；打倒了，卻不至死亡。身上常帶著耶穌的死，使耶穌的生也顯明在我們身上。」(林後四8~10)

博比的故事，縱然十分淒酸，卻撥動了我內心感情的弦線，奏起了一份深深的盼望，以及一種想成為別人忠心的朋友的強烈渴望。誰會想像得到會發生這麼多的事情？想像不到，未嘗不是好事呢！我懷著盼望的心，憧憬著二十年後我倆聊天的情景，天曉得屆時談論的，會是甚麼樣的話題！

安德魯・沙利文(Andrew Sullivan)的新書《乃是正常：同性戀探微》(*Virtually Normal: An Argument about Homosexuality*)，是我讀過的有關書籍中最具智慧和說服力的論著。它要求社會全面接受同性戀行為，為同性戀作出了有力的辯護。

沙利文是一位天主教徒。他對天主教徒的身分持開放的態度，就正如他對同性戀者的一樣。在他的作品中，可清楚看見他不獨是一位天主教徒，而且是一個十分虔誠的天主教徒，他是相當認真地看待教會的教導的。因此，他就教會面對同性戀的態度的討論部分，尤其令人信服。

就這個問題，我個人在思想和感情上都有頗大的掙扎。多年來的天主教教育和神學院訓練使我內化了天主教教會的立場。然而，我的感情發展、我和許多同性戀者之間的交往，以及近年來崛起的各種關於同性戀的著述，都使我不得不從多方面反思這個問題。我一方面已內在化了對同性戀的恐懼，但另一方面又愈來愈相信同性戀並非咒詛，而是我們社會的祝福；兩種取向之間有著極大的距離。沙利文正助我收窄當中的差距。

喬納斯邀請我參加他的「基督教與佛教對談小組」的午飯聚會。席間有禪宗門下的僧人、來自西藏的尼姑、天主教修士、天主教修女、信奉天主教的已婚婦人，連我和喬納斯在內，總共有七人。討論的氣氛活潑而誠摯。

使我印象最深刻的，是天主教徒和佛教徒思考問題的方法迥然不同。不管討論的是甚麼，天主教徒似乎最關注的是權力和教義問題。儘管有些事情的界限不能清楚區分，他們的思考模式總會帶點「在內的或在外的」的想法。雖然他們不會明確地提出：「真理是甚麼？誰擁有真理？」但這個問題似乎已滲透在他們的潛意識中。天主教會有一套非常明晰的教導，而在那些負責宣揚、維護、辯證這些教導的信徒中，又有非常明細的等級制度。

佛教徒不會這樣思考問題的。對他們來說，明晰的教義是攫取內在自由的障礙，真正的權力植根於信徒攫取內在自由之多寡。佛教徒不會以「在內的」人和「在外的」人來區分他們的世界。他們的屬靈目標是要找出一個有無限度悲憫的地方；在那裏，一切皆是虛空，虛空就是一切。

要是作為溝通工具的文字也受到質疑，佛教與基督教的對話是可行的嗎？我認為佛教徒與基督徒的交流是十分重要的。雙方都有很多東西可以給予對方。然而，似乎用**會面**較用**對話**一詞恰當，因為前者沒有限定雙方的交流方式，佛教徒和天主教徒儘可找出最富創造性的相處方式。

October

1995年10月

10月1日 星期日

在黎明教堂的告別會上，他們送給我兩枝藍色的大蠟燭，一枝讓我在旅途中隨身帶著，另一枝則在黎明之家中戶戶相傳。這兩枝是禱告之燭，用作提醒我和那些差派我的人要彼此委身。

我察覺我的蠟燭常常燃著火燄！我寫作的時候，我的蠟燭就點著，助我把寫作化為一種禱告的方式；我禱告的時候，我的蠟燭也點著，把我和留在家中的朋友連繫起來。

團體絕不是一同生活、一同工作那麼簡單。團體把眾人的心連繫起來，遠超物質的界限。團體其實是在世界不同地方燃點著的蠟燭，它們一起默念著友誼和愛的禱辭。

下午三時，教宗若望保祿二世(Pope John Paul II)抵達紐瓦克機場(Newark Airport)，展開為期五天的訪美之行。在電視機旁，我不僅看見他來美的情景，也聽到克林頓(Clinton)總統和教宗的演說。

在整篇演辭中，教宗有一句話使我久久未能忘懷：「沒有人會貧窮到連丁點兒東西都不能付出；沒有人會富貴到連丁點兒恩惠都不用接受。」這個強而有力的思想正好鞏固了一切調停活動的基礎。一旦我們不斷把人或國家劃分為施予者和接受者，那麼，即使一切都是出於最善良的動機，也往往會出現壓迫、操控等事情。美國是一個相當強大的國家，能施出的東西固然很多，可是只有當美國同時願意接受別國的贈予時，它的付出才能真正帶動世界和平。

在芸芸顯貴當中，我瞥見貝爾納丹大主教。他能長途跋涉地由芝加哥飛去迎接若望保祿二世，真替他高興。他的胰癌一定是受到控制了，他的精神狀態一定也不錯，否則怎能參加如此繁忙的活動？

我期待著明早播放的教宗演說。這是慶祝聯合國成立五十週年的特備節目。我仍清楚記得觀看過教宗保祿六世（Pope Paul VI）訪問聯合國的情景。那時我正與父母在墨西哥城（Mexico City）度假。教宗說了一些令人難以忘懷的話：「不要打仗，永不再動干戈。」當時是一九六五年。三十年後的今天，多場戰爭先後出現了，另一位教宗又來到同樣的地方，說著同樣的信息。我不禁問：果真有不打仗的世界嗎？

教宗若望保祿二世在聯合國的演說中，展現了廣漠的屬靈視野，令我尤為驚歎。他談及全世界都在加快尋求自由的步伐，追尋的不獨是個人的自由，也是國家的自由。他認為這種對自由的求索是人內在結構的基本元素。他帶領聽眾回顧一九八九年的歷史事件，強調雖然東歐人民在非暴力的情況下成功爭取自由，但是對世界上許多國家來說，這種自由仍是遙不可及的夢想。在演講末段，他向世人揭示了一個異象，指出只有當那位超越的上帝把一切恢復過來，人民和國家才能完全取得他們渴想的自由。

這個演說使我深受感動。講者雖然在世上真真正正的活了不少日子、又看過很多事情；但他仍然有勇氣向全世界的人展示這幅偉大的屬靈遠景，叫大家有如兄弟姊妹般和睦共處。在這個充斥著憤世疾俗情緒、現實政治手腕的社會，甚少領袖能像若望保祿二世一樣坦然無懼地帶出這樣的呼喚。怪不得成千上萬來自最迥異的社會和經濟背景的人都想一睹其風采；或更確切地說，一嘗這位神聖的和平使者帶來的祝福。

今天對波士頓、哈佛、都柏林(Dublin)來說，是多了不起的日子。這個春季在哈佛任教的愛爾蘭詩人西默斯·希尼(Seamus Heaney)獲頒諾貝爾文學獎。

令我最為感動的是，這個詩人之所以被挑選，是因為「他的作品既散發著抒情詩的優美，又蘊涵著倫理道德的深度，把日常的奇事和人類的過去提升到崇高的層次」。他本人和他的作品表達了人間的美善、對土地的熱愛、對家庭的依戀、對國內人民得以和解的期盼。雖然希尼未致衝上街頭，但是他對祖國的暴力事件抱有強烈的感受。他並沒有把他對北愛爾蘭的政治見解表達出來，反之，他描繪牽涉其中的人民的痛苦，把嚴重的鬥爭如何影響小市民的生活刻劃入微。在斯德哥爾摩(Stockholm)宣讀的讚辭明確地提及他在化解糾紛上的貢獻。怪不得我的一位波士頓的朋友這樣說：「頒個和平獎給他也同樣合適！」

在教宗帶來和平信息並宣揚要同時高舉多元文化和團結友愛的大同景象之際，看見這位和平詩人受到稱揚，真是神的恩典！這正好一洗過往八個月以來電視畫面盡是醜惡不堪的辛普森（O. J. Simpson）案的頹風，帶來了簇新的美麗和希望。

清晨，我驅車到老朋友尤塔(Jutta)的家中。在空蕩無車的高速公路上奔馳了一小時後，終於在九時抵達尤塔的家。在她的客廳中，我們同領聖餐，默想誦讀的經文，分享生命的神聖恩賜。

在聖餐前後，我們都談到梅•薩頓(May Sarton)。她是詩人，又是小説家、雜誌作家，於數月前逝世了。雖然我認識她的名字，但我以前從未讀過她的作品。最近才買了她的著作《孤獨人的日記》(*Journal of a Solitude*)，對她的生平和作品愈來愈感興趣。

尤塔把她那本《夢向深處的籽苗》(*A Plant Dreaming Deep*)拿給我看。薩頓在書中談及自己在歐洲的過去，以及在美國尋找真正的家所面對的掙扎。她流露出來的那種無家的飄泊感，我深有共鳴。這本書寫於四十年代，其時她的父母還活著。其後，她終於能較狠心地割下自己在歐洲的根，宣稱美國——特別是新罕布什爾洲(New Hampshire)——是她真正的家。

我和尤塔都是由歐洲移居美國的。尤塔在一九六〇年，我在一九七一年。回顧我在美國和加拿大二十四年來的日子，我發現我甚少有重回歐洲居住的衝動。我愛我的國家、我的家人、我在那裏的一切好友；但自從打算在美國定居後，我享受到一種無可比擬的內在自由，這種感覺至今仍存留心中。

也許給薩頓的詩盪起我內心的情感，我在尤塔的家致電給身在荷蘭的父親。我的長途電話令他喜形於聲，他問我有沒有收到他的新書《我最後的懺悔》(*My Last Confession*)。還沒有呢。他說：「記得要看呀，然後告訴我你的想法。」我記起曾在這本書的宣傳單張中看過這樣的章題：〈那位善良的神在哪裏？祂在哪裏？〉(Where Is the Good God, Where Is He?) 於是我說：「我一定會看的，然後給你回應，特別是關於『善良的神』那部分，我倒要看看你可有甚麼話要說。」父親說：「好的，好的，我這部分的確有點嚇人！我很想聽聽你的意見呀！」接著他問：「你甚麼時候回來？」我說：「我打算在聖誕的時候回來，跟你慶祝生日，然後帶你到弗賴堡(Freiburg)度假。」他顯得興致勃勃。「我多想跟你到弗賴堡去呀，我要偶爾離開這所房子。弗賴堡的旅程一定會令我心曠神怡呢！」

薩頓離世時八十三歲。明年的一月三日，我的父親就九十三歲了。他仍在寫作呢！我多想在他的壽辰與他聚首一堂；不管在林堡省(Limburg)他的家，還是在弗賴堡。我今天特別為他禱告。

與尤塔一同在她家中共度時光，實在美妙！她總是熱情而蠻有心思地款待我。她這份真摯的友誼，令我感激不已。

10月9日 星期一

我透過電視觀看教宗從巴爾的摩・華盛頓機場(Baltimore-Washington Airport)離開的情景。我竟出乎意料之外地深受感動。每次教宗到訪，總會有廣泛的宣傳活動、大型的羣眾集會，以及穿插著響亮的喇叭聲和舞蹈表演的儀式。有時候，我感到自己無從投入這些活動。當我看見許多紅衣主教、主教、達官貴人簇擁著教宗，而成千上萬的羣眾爭先恐後地想與他握手，或觸摸他的白色法衣，又或純粹一睹其風采的當兒，我內心就會自我抽離，彷彿遙看著一個與我個人的生命或關注都沒甚麼關係的壯觀場面。

然而，當我觀賞過幾個有關活動，仔細聽過若望保祿二世公開的言論後，心中逐漸泛起一個屬靈異象。這個異象跟任何我在當今社會見過的異象相比，都來得偉大、睿智、包羅萬象。教宗的異象目光遠大，涵蓋了人類對自由的求索、個人與國家權利的界定、普世教會主義及宗教對談的重要性、家庭的重要價值、生命從受孕成形到自然死亡的神聖意義、民主的真正涵義等。教宗曾接觸不同層面的人，包括公民及宗教領袖、來自非常迥異的文化及經濟背景的男女、老年人、年青人、小孩子、警員、保安人員、飛行員、機艙服務員等。我看著教宗與他們談話，這個異象就在我心中變得愈來愈清晰。

我留意著教宗在五天訪問的情況，內心逐漸感應到他的異象。這個靈象不獨是普世性、無所不包的，而且植根於對神的愛的深入認識，並受耶穌基督的福音啟發，富有具體的日常生活指引。叫人感動的是，這位七十來歲的領袖竟擁有一種語言，能分別跟最世俗和最屬靈的人談話。此外，他的異象完全建基於耶穌的教導，並無宗派的偏狹。這是屬於全人類的靈象，擁抱著天地萬物。這個異象要求嚴苛之餘，又充滿悲憫；令人欣慰之餘，又充滿溫柔；富批判性之餘，又充滿體諒。這個異象，正如《紐約時報》（*New York Times*）所說，是不可能給它蓋上政治標籤的。它反對墮胎和安樂死；但同時又強調社會關懷的迫切需要，提倡照顧貧窮的人，憐恤患病的，向垂危病人——特別是愛滋病患者——表達同情，對移居本國的人慷慨包容。傳統所謂**保守**或**開明**的字眼，並不適用於形容教宗的異象。

細加反省，我發現教宗所做的，遠超出為世上事情提意見的範疇。他不是為自己，而是奉神的名義、藉著耶穌的啟示而説話。他的言詞縱然受到某些哲學或神學思想影響，但仍是奠基於基督教長達二十個世紀的信仰傳統。

我們很難確定，究竟在甚麼情形下須要把受時間限制的意見，跟無時間規限的靈象區分開來。誰又會完全明白：在甚麼情形下個人的意見會表達成永恆的真理，又在甚麼情形下永恆的真理真正是永恆的？隨著多個世紀的推移，許多貌似永恆的事物被證實是非常短暫的，不少貌似非常短暫的事情卻被揭示為擁有永恆的意義。凡此種種，我們得相信的是，眾多的思想或聲稱都是由靈象支撐著、鞏固著的。

若望保祿二世有好些強烈的見解，很多人都不能認同。從教會就女性的角色、性的倫理、權力的運用等問題的爭論，我們曉得這等事情還有很多討論和反省的空間。我猜想在未來的歲月裏，不少他現有的思想會重新加以剖思或整理。撇除上述種種見解上的分歧不看，無可置疑地，他的確宣示了一個偉大的靈象。這個異象不是單單屬於個人層次的，而是帶著神聖的啟示，並且超越人間的一切臆測和辯論。在這次教宗訪美之行中逐漸在我眼前揭開的，正是這個異象。這真正是一個全基督教的——也即是普遍而無所不包的——靈象；當人類踏進下一個千禧時，世界是何其需要這樣的靈象！

我一向都十分欣賞美國畫家霍珀(Edward Hopper)的作品，又同樣十分抗拒他的畫作。我懼怕把霍珀的真畫放在自己的房間，感覺猶如我渴想把一幅梵高(Vincent van Gogh)的真迹放到屋子裏般強烈。霍珀在光線運用方面相當出色，只是呈現在畫中的光是不帶絲毫溫暖的。對我來説，在他的作品出現的一切，彷彿在傳遞著疏離、分離、距離的信息。沒有親切感，只有無盡的孤單。

在蓋爾・萊文(Gail Levin)撰寫的《霍珀的私人傳記》(*Edward Hopper: An Intimate Biography*)一書中，我們清楚看見霍珀的生活跟他的畫作異常呼應。他跟太太約瑟芬(Josephine)的關係惡劣，當中盡是暴虐與兇殘。約瑟芬詳盡的日記——這本書其中一個主要的資料來源——正把一段四十年的婚姻悲劇活現讀者眼前。

儘管不少人主張衡量藝術的價值不應把藝術家的性情也一併考慮，但叫人感到驚訝的是，藝術作品與藝術家的生平、個性之間竟有著如斯密切的關係。我留意的藝術家總是這個樣子的：倫勃朗（Rembrandt）、梵高、夏加爾（Chagall）。霍珀的畫正好證實了這種關係：他那些令人不寒而慄的藝術作品，正駭人地反映了他那令人不寒而慄的一生。

梵高與其他人的關係不見得比霍珀叫人寬慰，但兩者之間卻有極大的分別。梵高極渴想與別人親近一點，又夢想建立一個藝術家的聚居處，而更重要的是，他對弟弟西奧（Theo）有著一份縱然狂躁紛亂卻又深情滿溢的愛。在梵高的作品中，這一切情感都有迹可尋。在光線的處理上，梵高與霍珀對比強烈。梵高的畫除了鮮艷奪目外，還熱呼呼、暖洋洋的。他描繪的人全都散發著聖人的光芒；他的蘭花、柏木、麥田盡都燃燒著情感的烈燄。梵高筆下各種熾熱的黃色，跟霍珀那種冰冷的黃，可有天淵之別。

藝術家的靈魂是隱藏不了的。霍珀那個苦澀、孤僻、兇惡的靈魂，跟梵高那顆躁動不安卻又渴求真愛的心靈，同樣在作品中表露無遺。梵高曾是也一直是個牧者，雖然他屢受挫敗，卻仍努力不懈地把人聚集在一起。霍珀曾是也一直是個只顧自己利益的人，而他也在輝煌的孤寂中過活、逝世。

10月13日 星期五

沃特敦

昨晚，喬納斯暫別家門，到附近的一所加爾默羅會(Carmelite)的隱修院靜修一天。瑪格麗特藉此騰出一天來安靜和獨處。小塞繆爾則不是在學校，就是在朋友的家中。

我整天就在錄製錄音帶給朋友、寫問候卡給幾位友人、在電話跟美國和德國的出版社談話、寫那本「杯書」的新一章。

外面陽光普照、樹木蔥鬱、微風拂煦、綠影婆娑。這天正是那種沒有大事發生而愛心漫天、美態盎然的日子。

明天我會離開這裏六天。週日、週一，我會到紐約與朋友溫迪和傑伊、弗雷德和羅賓(Robin)共聚兩天。週二，我打算乘火車到費城探望另一個朋友史蒂夫(Steve)。週三，我會返回紐約，與美國的出版社討論一些事情。我期待著踏上這個小旅程。我會隨身攜帶我的日記簿和那本專用來記錄每天反省心得的小筆記簿。我期望經過數星期相對寧靜的獨處生活後，這次探訪朋友的旅程會帶給我新的靈感和活力。

10月14日 星期六

紐約

下午六時，我身處朋友溫迪和傑伊在曼克頓(Manhattan)的居所，坐在客房內的古董小桌子前。

我仍清楚記得第一次到紐約的情景。我乘搭著從荷蘭出發的荷美線客輪馬爾達姆號(Maardam)到紐約。這是一次「免費」的旅程，因為我被美國的天主教機構僱用為牧師，負責荷蘭移民的牧養工作。那是六〇年代初期的事情了。仍記得清晨七時越過自由神像、駛進曼克頓島氣勢雄偉的空中輪廓線時內心湧現的那份感覺。那刻與我同時觀賞風景的，是流亡國外的奧地利女皇齊塔(Zita)，她是我在這次旅途上認識的眾多旅客之一。我替她拍了一幀背靠摩天大廈的照片。那時候，我對紐約、對齊塔、對第一次踏足這個美麗新世界，都感到興奮不已。

三十四年後的今天，我對紐約不再陌生，認識它的美麗與醜陋、它的富貴與貧瘠、它的公眾園地與橫街窄巷、它的光輝燦爛與骯髒邋遢。我在這裏不再是遊客。多年來，我心目中的紐約一直是佈滿醉人景點的地方：帝國大廈（Empire State Building）、聯合國大廈（United Nations Buildings）、洛克菲勒中心（Rockefeller Center）、聖巴特里克大教堂（St. Patrick's Cathedral）、大都會博物院（Metropolitan Museum）、時代廣場（Times Square）、百老匯（Broadway）、第五街（Fifth Avenue）……這些地方我都一一看過，也曾經把它們一一攝入鏡頭。

其後我又對紐約人不再陌生。紐約人是指那些終生都住在紐約、在紐約工作、在紐約上教堂，而朋友圈子也在紐約的族羣。對我來說，紐約這個城市變得愈來愈細小、友善、親切，遠不會像起初那樣欠缺安全感。

這個晚上，想起好友溫迪和傑伊及其他愛心滿溢的人慷慨地邀請我來到這個城市，心裏頓時感激萬分。通過他們和許許多多其他的人，美國已成為我的國家。雖然如今我的家在加拿大，但我對這個國家——特別是這個城市——仍然充滿家的感觸。

下午三時，我和溫迪到卡內基會堂（Carnegie Hall）觀看馬勒（Gustav Mahler）的演唱會。表演節目包括《亡兒輓歌》（*Kindertotenlieder*）和《第六交響樂》。演奏樂隊是大都會歌劇院交響樂團（Metropolitan Opera Orchestra），指揮是詹姆斯・利文（James Levine），獨唱部分是由來自北威爾士（North Wales）的男中低音歌手布賴恩・特菲爾（Bryn Terfel）演出。

多星期前，溫迪已邀請我陪她參與這次獨特的盛事。這真是一個難忘的經歷。單是讓我淺嘗第一次在卡內基會堂的滋味，已是真正的款待。

我從未聽過馬勒的《亡兒輓歌》。這是改編自德國詩人弗里德里克・呂克特（Friedrich Rückert，1788～1866）悼念一雙兒女路易斯（Louise）和恩斯特（Ernst）在一八三三年一月死於猩紅熱的詩歌。馬勒也曾為十四歲的弟弟恩斯特的離世而悲痛欲絕。他為呂克特的《悼亡兒之歌》（*Songs on the Death of Children*）其中五首詩譜上了樂曲。

現場的演奏令我深為感動，我多渴望瑪格麗特和喬納斯能在這刻同在會場。他們的女兒麗貝卡出生後只活了數小時就死去。馬勒的音樂將他們那份喪女之痛如斯澎湃地表達出來，他們可能會淚流滿臉呢！

幕間休息時間過後，利文開始指揮第六交響樂的演奏。這個被譽為馬勒最偉大的作品之一的樂章，表達著豐富而多樣化的情感——極度的歡欣、劇烈的痛楚、田園的寧謐、深沉的哀痛、憂傷、恐懼、希冀、絕望。一切都來得激烈、細緻、莊嚴。我從未見過陣容這樣強大的管弦樂隊。在八十一分鐘的表演中，我不時用溫迪的望遠鏡注視著敲擊樂器的演奏部分。有七位演奏員在不同樂器之間來回移動，有條不紊地奏出由他們負責的各種樂音。有好些時候，他們配合得天衣無縫的動作使我完全著迷，弄得我竟忘了聆賞演奏的音樂。這些穿上灰黑套裝、結著灰黑領帶的演奏員，神色極其凝重，跟他們奏出來那些滿載歡樂的樂音恰成強烈的對比。當中的一位輪廓分明、臉龐絕美、披著一頭黑色長髮的男子尤其如此。他隨著節奏敲擊銅鈸時，臉上竟沒有絲毫表情。我邊看著他們，邊在猜想他們不在卡內基會堂或林肯中心（Lincoln Center）時會是怎個樣子。

演奏完畢，掌聲雷動，此起彼落地響個不停。紐約人向來給寵壞了，甚少這樣熱烈地拍掌良久，這次是例外吧。

與溫迪一同回家的路途中，我已曉得自己很難藉文字來記述這個特別的活動。與各式各樣的樂器相比，我的語言不免黯然失色。形容詞諸如「美妙絕倫」、「難以置信」、「勢不可擋」、「多彩多姿」、「感人肺腑」、「歎為觀止」等似乎都沒有表達甚麼。我惟一感到稍為清晰的，就是我必須把這次經歷寫在我的日記上；而我真的做到了！

我差不多整天都在閱讀父親的新作《我最後的懺悔》。書的副標題是「一個年紀老邁的作家兼稅務專家走向職業生涯盡頭的反思」(*Critical Reflections of an Old Man at the End of His Career as an Author and Tax Expert*)。這本書的第一個印本將於本星期五在芬洛(Venlo)呈獻林堡省的省長。芬洛對我父親饒有意義,因為一九〇三年他在這個城市誕生。

閱讀《我最後的懺悔》,使我感觸良多。這本書文字暢達、充滿睿智、趣味盎然,書中除了不時帶點諷刺的筆觸外,還蘊涵著多種令人詫異的觀點。這本書的內容雖然頗為個人化,但同時折射了與身為律師、稅務專家、財政法專家的父親息息相關的事件。這本書一方面表達了父親對荷蘭社會現存的稅務問題的見解,以及他個人的成年生活、生命老化與邁向死亡的況味;另一方面又談及西塞羅(Cicero)、加圖(Cato)、孟德斯鳩(Montesquieu)、西默農(Georges Simenon)、卡夫卡(Kafka),以及古往今來多位著名的文壇或政壇人物。這本書雖然涉及的話題甚多，例如寫作的意義、老化的歷程、對神的信心，但內容基本上是父親個人生命的審視。他的筆調不無冷嘲熱諷，但整本書的基調是輕柔、溫婉的。

我極度享受閱讀父親這部懺悔錄的樂趣，我清楚認識他的拚勁、他的聰穎、他的幽默感，而最重要的是，他的智慧。書中活現一個精力無窮、剛直不阿的人物形像。在首章中，父親說不想在死的一刻給發現正在「玩橋牌」。他肯定不會這樣，這本書就是明證。

父親在題為〈幕落〉(The Curtain Falls)的末章中談及他對神的信心。他十分認同一位荷蘭的屬靈作家的說法：「神無限量地超越我們，卻同時與我們的心靈深深呼應，互相拍和；儘管這種和諧只是有限和短暫的。究竟這是否美好、真實而優雅，取決於我個人的行為是否正直、恰當。」

我的父親的確是一個正直不阿的人。他認為人最貴乎行徑，人所作的，較人所說所信的重要。他經常對我說：「人最終會記起的，不是你的言論、思想、聲明或書籍，而是你為別人所作的事情，以及驅使你作出這一切的心靈。」

這個星期五不能親身參與《我最後的懺悔》正式面世的儀式，我定會感到茫然若失。無論如何，讀了這本書後，我敢誠篤無偽地說：父親，我為你感到自豪！

今天我和弗雷德在中央公園(Central Park)漫步，怡然閒逸，並一起共晉午餐。下午六時，我到弗雷德的家去，與他的太太羅賓和兩個孩子共度黃昏。一個是三歲半的雅各布(Jacob)，另一個是剛誕下的女嬰埃瑪(Emma)。真是樂也融融。晚飯時，我們談到書籍、彼此的工作、朋友、未來計劃。真是一個美妙而寧靜的晚上！

10月17日 星期二

費城

我整天都在費城，與我的朋友史蒂夫在一起。史蒂夫在這個別名「兄弟友愛之城」(City of Brotherly Love)的地方任職助理銀行經理，一做十七年，然後決定進神學院。他已準備了足夠的儲蓄，全心全意修讀神學，同時藉此辨清上帝對他的呼召。

對史蒂夫來說，這段日子真不易過。從銀行轉到神學院的日子，史蒂夫感到非常費力。雖然他十分享受學習的生活，卻因為自己花在個人閱讀、藝術，尤其是友情上的時間太少而感到遺憾。

此外，他要經受不少磨難：心理測驗、心理治療，以及無數的面試，才能符合當牧師候選人的資格。聽了他的經歷後，我不禁想到，要是當年我要面對像史蒂夫今天要通過的連串測試，恐怕我與聖職無緣了。

我們傾談了很久，談到職事、能力、教會工作、將來的發展空間等話題。對我來說，最重要的是史蒂夫非常欣然地離開銀行的工作，也酷愛自己的學習。這以後會怎樣，現在很難說。我不住說著：「要確定你喜歡目前過的生活，包括你的學習、禱告及友誼景況……然後你就能相信，神會在合適的時候向你展示該走的方向；但別祈想要在這一刻就知道你數年後才須要知的事情！」

我希望也祈求我能在未來的年月給予史蒂夫支持。史蒂夫冒著險踏上了一條他不太清楚的路。不過我感到這是一個美麗的、受神感召的險，很值得冒。我為著史蒂夫把信心建立在神身上，而不是在一份穩定但其實不太滿意的工作上而感恩。我有把握他今天的決定必會在將來開花結果。

10月18日 星期三
紐約

乘火車回紐約市後，我與雙日出版社的編輯比爾談論溫尼伯(Winnipeg)日記的出版問題。這本日記是一九八八年冬春兩季我在溫尼伯接受靈性治療時寫下的，當時的我正陷入抑鬱的狀態。一九八八年夏天，我再回到黎明之家，比爾就向我表示他對這本日記有極大的興趣，可是我的心情尚未完全平伏，還沒有心理準備與讀者分享那些經歷。如今的情況已有所不同，我感到這本日記也許能幫助一些讀者，面對類似我七年前的痛苦經歷。

比爾的辦公室位於貝特斯曼大廈(Bertelsmann Building)十四樓，俯瞰著偌大霓虹廣告牌高掛的時代廣場。我一邊談論我的抑鬱日記，一邊眺望這個全世界的娛樂中心，一種怪誕的感覺彷彿在我的腸壁內攪動著。比爾說：「這裏蠻艷光四射的，尤其在入黑之後，金色、藍色、綠色、紫色、黃色的霓虹光管眨呀眨，轉呀轉……可這就是紐約的心臟嘛！」這種景象令人既興奮，又厭煩，我默自在想。也許我該寫一本書，談談蟄伏在這些窗子後的沉沉憂鬱！

我回到溫迪和傑伊的家時，溫迪說：「我買了兩張《卡門》（*Carmen*）的票，是今天晚上的，在大都會歌劇院（Metroplitan Opera）。傑伊和喬恩（Jon）晚上都有事外出，我想咱們可一塊兒去看《卡門》。」我聽後滿心歡喜，因為我從未看過《卡門》，而大都會歌劇院肯定最能把這套著名歌劇在音樂、歌曲、戲劇上的神髓，展現給如我一般首次接觸《卡門》的觀眾。

未進場時，我帶著一種偏見，認為歌劇往往是妙樂韻與爛故事的結合。誰料我完全沉醉在《卡門》的情節中。飾演卡門這個角色的，是德尼斯•格雷夫斯（Denyce Graves）。在她的演繹下，一個性感、迷人、自信、信奉宿命論的吉卜賽女人在舞台上活靈活現。她精湛的演出撕開了我內心世界的矛盾，把我拉扯在真實的張力之中：憑藉信心還是聽天由命？溫順服從還是狂放不羈？無私付出還是保存自我？恪守基督教義還是不再相信宗教？

在《卡門》一劇中，西班牙塞維利亞（Seville）的士兵荷西（José）因為必須服從軍事上司，所以不容許「愛」使他分心。他代表了許多盡忠職守的男女的想法：生命是扼殺活力的劊子手。卡門那股無可抗拒的活力擴充了荷西生命的內涵，最終卻又導致兩個生命同遭摧毀。這正好呈示了我們那種既想擺脱常規羈絆、又躊躇於付出代價的情結。

這種張力能否在整全的生命中得到紓緩？我們能否馴服內裏的「狂野性情」，而不用付上喪失活力或創造力的代價？許多不同形式的冥想，佛教的也好，基督教的也好，都在尋求這種生命的整合。我不相信人要壓抑內心那股情慾的力量，才得以過秩序井然的生活。同樣地，我不相信人要放棄秩序和紀律，才得以觸碰人存在那股狂野的力量。當然，要擁有整全的人格，人必須全心全力，才能找到自己獨特的方法。西方的文學和藝術顯示，極少人能取得成功。我當然也不例外。要是有個卡門闖進我的生命，衝著我的狂熱而來，我可不知會發生甚麼事情呢！

沃特敦

這是夾在中間的一天，之前是在紐約叫人興奮無比的一天，之後是在波士頓叫人充滿期盼的週末。

能回到自己舒適的居所，令人心情開朗。有好些郵件和電話留言正等著我回來。用了數小時覆信覆話後，我又坐在自己的書桌前，在日記簿和那本博物館劄記上寫東西了。

明天，內森和蘇會前來與我共度週末。他們的身分既是朋友，又是陪伴我好好度過安息年假的同工。我多麼期待著這次探訪的來臨！我還是先把一切準備妥當為妙。我要買食物啦，把房間收拾好啦，與喬納斯和瑪格麗特一同安排各項留宿細節啦。

另有一件叫人驚喜的事，就是曾在烏克蘭(Ukraine)與我、內森、蘇相處數星期的博雷斯(Borys)碰巧也在波士頓。明天早上他也會參與我們的聚會。屆時將有說不盡的話題呢！

下午四時，我和喬納斯、瑪格麗特、塞繆爾、喬納斯的兄弟史蒂夫、史蒂夫六歲大的兒子盧克（Luke）一行六人齊看馬戲去。

我十分高興能有機會一睹由林林兄弟（Ringling Brothers）巴納姆-貝利（Barnum & Bailey）馬戲團表演的《戲王之王》（*Greatest Show on Earth*），因為自從和羅利飛行家族這個高空鞦韆馬戲團交往四年多以來，我在不知不覺間已變成一個超級馬戲迷。

巴納姆-貝利馬戲團的表演場地三環相扣，可同時進行多種多樣的活動，因此，特技員與觀眾之間很難有個人層面的溝通。對我來說，他們不免由天才橫溢的特技人，淪落為驚心動魄的人體動作及五彩繽紛的表演形式。我很懷念德國的馬戲團西莫奈特-巴倫（Simoneit-Barum）那種一環圓形表演場的默契情景。我在那裏觀賞羅利飛行家族的演出時，使我目眩神迷的，不獨是他們的空中飛行動作，而且是他們的勇氣與活力。這驅使我很想在個人層面上認識他們，跟他們的生活有較密切的關係。這個下午的表演雖然令我印象深刻、目不暇給、歎為觀止，可是我的心靈卻從沒有真正的感動過。我被迫忘記眼前的這羣人像我一樣是人類的一分子；他們已成為一部叫做馬戲團的巨型魔術機器的一部分。

我不知塞繆爾和盧克看後會有甚麼反應。他們在座位上看得目瞪口呆，從沒有大笑或呼叫。塞繆爾爬到瑪格麗特膝上，說他累了。我不會責怪他！

有一刻，我的心神被「抓住」了。一個男特技人在他拍檔的頭上表演單手倒立，他的拍檔卻要在離圓形舞台三十尺的平台上平衡地耍弄著兩支獨立的高蹺。我可以清楚看見他們的模樣，因為我們的座椅正在他們前面。我清楚看見第一個男特技人咧嘴而笑的臉龐及緊縮抽搐的肌肉；它們正散發著無窮的活力與動感呢！我感到有種似曾相識的聯繫。這兩個特技人不久就在眾多進進出出、默默無聞的特技人中消失無蹤。然而這一刻對我來說雖然短暫，卻是重要的，因為我內心泛起了一份特殊的情感，一種跟我首次看羅利飛行家族演出時如出一轍的情感。正是這份情感，驅使當年的我硬著頭皮向他們自我介紹，然後我就和他們建立了一段長久而深厚的友誼。那一幕表演和那兩位特技人猶如在黑夜中閃過的光芒；我的心內霎時間掠過一份感應、一份回憶、一份惹來憂思的內在聯繫。

蘇和內森來了，與我一同度過美好而寧靜的一天。我們談談我在這裏的生活、黎明之家的近況、我們將要面對的事情。他們的友情和支持確實是上帝給我的恩賜。

博雷斯在午飯時間來到我們當中。多快樂的一個重聚聯歡會！博雷斯的故事可謂數之不盡：在羅馬讀書的故事、在利沃夫（L'vov）一所新的神學院當副院長的經歷、他那本關於布列斯特（Brest）合併問題的書的編輯工作、他個人的喜樂與哀愁。吃午飯時，喬納斯也跟我們在一塊。博雷斯和喬納斯常從我的口中聽到許多關於對方的事情，兩人卻素未謀面，真高興終於能看見他們在同一場合出現！

10月22日 星期日

下午二時，我和喬納斯送蘇和內森到洛根機場。這真是一次非常美好的探訪。原本我有諸多計劃的，包括帶他們遊覽波士頓公園（Boston Common）、帶他們到我住過三年的哈佛神學院、與他們同看一場波士頓交響樂團（Boston Symphony）的音樂演奏會、邀請他們在一間特別的餐廳共晉一頓豐富的晚餐……如今這一切都泡湯了！我們全都留在家中，邊享受著寓所溫馨的氣氛，邊談呀談呀談呀談個不停！期間內森出外購物去，並弄了一頓美味的晚飯給我們吃。

我很高興我們沒有做太多的事情。純粹相聚聊天，共享友誼之樂，已是上天的祝福。今天早上我們連同喬納斯和九個訪客在空鐘樓閣同領週日聖餐，一同分享流溢著禱告和安寧的時光。吃完早餐後，我們朗讀了一會兒，談論了一會兒，祈禱了一會兒，然後就驅車往機場去。

沒有意想不到的事情，沒有宏偉壯麗的場面、沒有令人震憾的事件。純粹是扎實、真摯、恆久的友誼在汩汩流瀉。

10月23日 星期一

這天的心情總是灰溜溜的。紐約和費城之旅、內森和蘇之探訪過後，我只有一個願望——繼續專心寫作。已經不只一個星期沒有寫那本「杯書」了，在這裏安靜的生活節奏差不多全給打斷了。

博雷斯問我可否在我這裏多留幾天，因為他現在留宿的地方很嘈雜，使他心緒不寧。他想跟我多談他的生活和工作，並聽聽我的意見。他也想享受多點朋友相聚的時刻，讓彼此的友誼更上層樓。喬納斯提醒我別忘了已有好一段時間沒到健身會了，期望我可與他同往。與此同時，喬納斯那本關於麗貝卡的書已排版完畢，他的編輯羅伯特・赫勒(Robert Heller)想我在一星期內把序言寫好。伊里(Erie)方舟團體的神職人員喬治・斯特羅邁耶(George Strohmeyer)打電話給我，想與我討論籌辦一個給北美方舟團體所有教牧同工的會議的計劃。郵件則盡是邀請信和外語譯本的申請信。

一切原是好的，可是多得叫人吃不消！這一切一切，儘管是最美好的事情，難免叫人心煩意亂。我連坐在桌前提筆寫「杯書」的閒暇都沒有，整個人變得煩燥、沮喪。可憐的博雷斯首當其衝！我差不多令他感到內疚，懊悔在這時候出現；而與他相比，我想不出任何我更想共聚的人。

收到《浪子回頭》(*The Return of the Prodigal Son*)這本書的全新精裝版，心內掠過一陣歡樂。再次看見這本書以原來的優美姿態出現，不失為一件賞心悅目的事情。綿延(Continuum)出版社的沃納・林茨(Werner Linz)從雙日出版社取得硬皮書版權後，重刊此書，雙日出版社則繼續發售平裝版。我隨手打開它，看見內頁上寫著：「謹此紀念父親勞倫特・珍・瑪麗・盧雲(Laurent Jean Marie Nouwen)九十歲的生辰。」父親的九十歲生辰在一九九三年一月三日，我在他九十大壽大半年前已寫下這呈獻句。那時候我還在猜想自己是否過於冒險。昨天跟父親通過電話，他談及同遊弗賴堡的聖誕度假大計時仍雀躍萬分。他說：「我們可在聖誕節和我九十三歲壽辰期間到弗賴堡。你儘管依照原來的計劃訂車票和酒店房間吧。」

是的，即使在洩氣的一天，也有許多值得感恩的事情！

聯合國成立五十週年的大日子，吸引了世界各地的政治領袖雲集美國。在這段期間，政治話題敏感而複雜，外交禮節差不多難於駕馭，保安問題帶來可怕的夢魘，交通擠塞常導致多種延誤，酒店房間的供應也相當緊張。整體的氣氛浸染著一種頗為悲觀的情緒。經過五十個寒暑，聯合國已發展成為一個龐大的官僚架構，再沒有甚麼宏偉的異象，並經常糾纏在沒完沒了的外交問題中。儘管這樣，地球上仍然鮮有機構像聯合國一樣，擁有創造和平、防止人類的貪婪和仇恨毀滅世界的潛在力量。

這個星期的各種外交項目與數星期前教宗若望保祿二世的訪問相比，後者似乎是相當不尋常的事件，帶著寶貴的驚世預言。

晚上，我為世界和平禱告。

10月 26日 星期四

今天全是寫作天。寫了五則關於作為一個負傷的治療者的短篇反省；寫了「杯書」的其中一章，談到為別人的緣故提升自己的生命；寫了五頁默想文字，反思我對在聖迭戈(San Diego)的友人瓊那份無條件的愛。下午六時，博雷斯來找我吃晚飯，告訴我他在坎布里奇好生忙碌，要趕在返回歐洲前完成他的書，並與幾個人見面。

今天大部分時間都在寫喬納斯那本書的序。該書名為《麗貝卡：一個父親從悲痛到感恩的歷程》（*Rebecca: A Father's Journey from Grief to Gratitude*）。昨天，我簡短地「訪問」了喬納斯；今天清晨，我開始動筆。我很高興能為喬納斯的第一本書作出些微的貢獻；特別是我感到自己和喬納斯的心靈有很深的聯繫，而他對麗貝卡的悲悼，我有切膚的感應。麗貝卡在一九九二年七月二十九日比預期時間早來了這個世界，只活了三小時四十四分鐘就在喬納斯的雙臂中離開人世。那時候我在法國，仍記得喬納斯打電話告訴我麗貝卡出生和死亡的情景。他雖然陷入極大的悲愴中，但打從第一刻開始，他已願意豁出自己的心，容讓自己的創痛引領他踏上感恩之途。

其後，我建議喬納斯把麗貝卡的故事寫下來。他一直有當作家的願望，麗貝卡曇花一現的生命，我説，也許能給予他寫作的動力。能看見深沉悲痛的果實與辛勞工作的成果，是何等快樂的事。

叫我最為驚訝的，就是這本書可以有兩種閱讀角度。你可把它視作一個父親不惜一切為一件本身沒意義的事件賦上意義的毫無意義的努力。然而，你又可把當中的故事看成一個榮耀的見證，見證我們是天國子民的奧祕；在天上的國度裏，我們等候救主耶穌基督將我們帶著羞辱的軀殼轉化成祂榮耀的身體（參腓三20~21）。若然我們選擇像喬納斯一樣，在塵世間極度的悲鬱中仰望神的榮耀，這本書確實會帶來極大的盼望。

麗貝卡只存活了三小時零四十四分鐘，她的生命實在太脆弱，太微小了，連一雙眼睛也未及張開。雖然這樣，喬納斯偉大的屬靈視野卻容許他看見生命的價值不在乎它在世上存活的小時、日子、年月，也不在乎它跟多少人產生聯繫，亦不在乎它對人類歷史的影響。喬納斯「看見」生命的價值繫於生命本身，而麗貝卡只得數小時的生命，跟貝多芬（Beethoven）、夏加爾、甘地（Gandhi）、甚至是耶穌等長達數十年的生命，活得同樣有價值。

我感到很榮幸，能夠成為這部卓越不凡、盼望滿溢的著作的一部分。它不失為一部叫人從悲傷步往喜樂、從哀痛走向感恩的作品。

魁北克省（Quebec）會否從加拿大的領土分裂出來？這個問題即將有答案，因為下星期一魁北克人就會全民投票，決定是否維持現在聯邦省份的身分，還是從加拿大獨立出來。

數天前，美國的報刊仍對全民投票一事不太感興趣。我猜這是由於沒有人認真期待分裂局面的出現。但最近民意調查的結果似乎有相反的意向。魁北克省的確有可能會走上獨立之路。

下午，我和內森通電話時談到這個問題，聽到他說投票支持分裂並非如許多人想像中的充滿戲劇性，我感到頗為驚訝。這可能會，他說，喚起某些黨派和省政府的關注，於是帶來一個更美好的加拿大。他支持統一，但又不害怕分裂。

我沒有強烈的意見，縱然我即興的想法是，統一總比分裂好。不過換一個角度來看，分裂後的加拿大可能會變成比利時現在的樣子：說法語和說荷蘭語的人口各自為政，各有獨立的政府，但仍然同屬一個國家。

我不知道到了最後的關頭，加拿大人會不會因為懼怕面對不明朗的未來，大都選擇維持現狀。答案很快就見分曉。

一年前的今天，我的朋友特德(Ted)痛失妻子南希(Nancy)。昨天下午，另一朋友弗雷德失去了他最摯愛的童年好友占姆(Jim)。我是在耶魯神學院認識南希的，她為人和藹、親切、活力充沛、充滿愛心。至於占姆，在過去的數星期，他的屬靈勇氣和為神盡忠的事迹，我也聽到不少。

今天早上，我們在空鐘樓閣領聖餐，紀念這兩位特別的人。特德也來到我們當中。我的朋友兼以前在哈佛神學院的助手邁克爾(Michael)也來了，他還偕同妻子瑪爾塔(Marta)和兩個六歲大的孖生兄弟安德烈斯(Andrés)與尼古拉斯(Nicolás)參與我們的聚會。

聚會氣氛寧靜安謐。頌讀的經文談及以謙卑和信靠的心禱告。當中最打動我心的一句話來自德訓篇：「謙卑人的祈禱，穿雲而上，不達到目的，決不甘休；不等至高者見了，為義人伸冤，執行正義，決不離開。」(《思高聖經譯本》德三十五21)我經歷到在禱告中與南希和占姆深相契合，我們的禱告彷彿戳入雲層般瀰濛妙曼，我的靈深信神正在看顧我們。

聖餐過後，特德、邁克爾、瑪爾塔、安德烈斯、尼古拉斯到我的住處喝咖啡、吃糕餅。領聖餐時，兩個小男孩慷慨地助我把聖杯遞給參加聚會的每一個人；之後，尼古拉斯又繪了數幅圖畫給我，畫中有釘在十字架上的耶穌、蠟燭、天使、星星。此情此景，令人留下深刻的回憶。南希和占姆雖然已不在人世，但這兩個小男孩卻提醒我們，生命是何等生氣勃勃、生生不息！多可愛的一雙溫文誠摯的活寶貝！

下午六時，我致電給身在匹茲堡(Pittsburgh)的弗雷德，告訴他我們為占姆禱告的事情。他説他剛在自己的鋼琴上彈奏完一切他和占姆經常合唱的歌曲。這是他悼念亡友的方式。他由衷地感激我的慰問。

在這樣的一天，我驚歎友誼竟是如斯偉大的恩賜。

以百分之五十點六的票數反對，百分之四十九點四的票數支持，魁北克有了裁決，維持其加拿大聯邦省的身分不變。對那些極欲保存加拿大統一局面者來說，雖然勝利了，卻是險峻非常。不少潛伏的傷痛情緒逐漸變得明顯。未來的數年，如何以富創造性又帶有療治的方式，處理魁北克省那些想獨立和想統一者之間的嚴重分歧，將會是必須應付的課題。聯邦政府的首相克雷蒂安（Jean Chrétien）也必須努力不懈，來紓緩這股張力。要是魁北克與聯邦政府之間的關係沒有絲毫改變，很快就會出現另一次全民投票，屆時的百分比形勢可能剛好相反呢！

作者簡介

盧雲(Henri J.M. Nouwen)

原籍荷蘭，著名靈修及牧養神學作家，曾於美國聖母院大學、耶魯大學及哈佛大學之神學院任教多年。一九八五年離開哈佛大學，在法國特魯斯里的「方舟團體」(L'Arche Community)生活，等候及尋索未來的「召命」。終於受「方舟團體」在加拿大多倫多市以北的「黎明之家」(Daybreak) 邀請，自一九八六年起為其牧者，服事家中的弱智人士及職員，直至一九九六年九月安息主懷止。其作品包括《羅馬城的小丑戲》、《心應心》、《始於寧謐處》、《念》、《親愛主，牽我手》、《奉耶穌的名》、《與祢同行》、《鏡外》、《新造的人》、《生命中的耶穌》、《愛中契合》、《黎明路上》、《建立生命的職事》、《負傷的治療者》、《亞當》、《活出有愛的生命》及《盧雲眼中的梅頓》等。

盧 ▪ 雲 ▪ 著 ▪ 作 ▪ 一 ▪ 覽 ▪ 表

Intimacy: Essays in Pastoral Psychology (1969)
《愛中契合》香港：基道，一九九四。

Creative Ministry (1971)
《建立生命的職事》香港：基道，一九九六。

With Open Hands (1972)
《親愛主，牽我手》香港：基道，一九九一。

Thomas Merton: Contemplative Critic (1972)
《盧雲眼中的梅頓》香港：基道，一九九九。

The Wounded Healer (1972)
《負傷的治療者》香港：基道，一九九八。

Aging: The Fulfillment of Life
(With Walter Gaffney, 1974)
《生命的頂尖》香港：文藝，一九八〇。
《流金歲月》(新版) 香港：文藝，二〇〇九。

Out of Solitude (1974)
《始於寧謐處》香港：基道，一九九一。

Reaching Out (1975)
《從幻想到祈禱》香港：公教，一九八七。

Genesee Diary (1976)

The Living Reminder (1977)

Clowning in Rome (1979)
《羅馬城的小丑戲》香港：基道，一九九〇。

In Memoriam (1980)
《別了，母親》香港：基道，一九九〇。
《念：別了母親後》(重譯本) 香港：基道，二〇〇〇。

The Way of the Heart (1981)

Making All Things New (1981)
《新造的人》香港：基道，一九九二。

A Cry for Mercy (1981)
《頌主慈恩》香港：公教，一九八五。

Compassion (With D. McNeil and D. Morrison, 1982)

A Letter of Consolation (1982)
《慰父書》台灣；光啟出版社。

Gracias! A Latin American Journal (1983)

Love in a Fearful Land (1985)

In the House of the Lord/Lifesigns (1986)

Behold the Beauty of the Lord (1987)

Letters to Marc about Jesus (1988)
《生命中的耶穌》香港：基道，一九九三。

Circles of Love: Daily Readings with Henri J.M. Nouwen (1988)
《愛的漩渦：與盧雲默觀》香港：公教，一九九五。

The Road to Daybreak: A Spiritual Journey (1989)
《黎明路上》香港：基道，一九九五。

Heart Speaks to Heart (1989)
《心應心》香港：基道，一九九一。

Beyond the Mirror (1990)
《鏡外》香港：基道，一九九二。

In the Name of Jesus (1990)
《奉耶穌的名》香港：基道，一九九二。

Walk with Jesus (1990)
《與祢同行》香港：基道，一九九二。

The Return of the Prodigal Son (1992)
《**浪子回頭**》台灣：校園，一九九七。

Life of the Beloved (1992)
《**活出有愛的生命**》香港：基道，一九九九。

Show Me the Way (1992)

Jesus and Mary: Finding Our Sacred Center (1993)

Our Greatest Gift: A Meditation on Dying and Caring (1994)

Here and Now: Living in the Spirit (1994)
《**念茲在茲**》台灣：光啟，二〇〇〇。

With Burning Hearts: A Meditation on Eucharistic Life (1994)
《**熾熱的心**》台灣：光啟，二〇〇一。

The Path of Freedom (1995)

The Path of Power (1995)

The Path of Waiting (1995)

The Path of Peace (1995)

Can You Drink the Cup? (1996)
《**你能飲這杯嗎？**》台灣：上智，一九九九。

The Inner Voice of Love: A Journey through Anguish to Freedom (1996)
《**心靈愛語**》香港：卓越，一九九七。

Bread for the Journey: A Daybook of Wisdom and Faith (1997)
《**心靈麵包**》台灣：校園，一 九九九。

Adam: God's Beloved (1997)
《**亞當——神的愛子**》香港：基道，一九九九。

Sabbatical Journey: The Final Year (1997)
《安息日誌——秋之旅》香港：基道，二〇〇二。
《安息日誌——冬之旅》香港：基道，二〇〇三。
《安息日誌——春夏之旅》香港：基道，二〇〇三。

The Road to Peace (1998)
《和平路上》香港：基道，二〇〇二。

Finding My Way Home (2001)
《尋找回家路》香港：基道，二〇〇四。

Turn My Mourning into Dancing (2004)
《化哀傷為舞蹈》香港：基督徒學生福音團契，二〇〇四。

Encounters with Merton: Spiritual Reflections (2004)
《遇見牟敦》台灣：光啟，二〇〇七。

Peacework: Prayer, Resistance, Community (2005)
《和平篇章》香港：基道，二〇〇七。

Selfless Way of Christ: Downward Mobility and the Spiritual Life (2011)
《向下的移動》台灣：校園，二〇一二。

緊扣時代 服事教會

以文字傳揚基督真道

讀者意見表

衷心多謝你購買本社書籍。本社一直致力以出版事工服事教會，幫助信徒扎根於神的話語，促進靈命增長。為使我們的出版更能滿足你的需要，請填寫下列各項資料，並寄回或傳真予本社。

所購書籍：________________

本書最吸引你的地方：

□作者 □適切性 □文筆 □設計 □實用性

□其他：________________

購買本書地點：

□基道書樓 □基督教書店 □非基督教書店

性別：□男 □女 職業：________________

信仰：□基督徒 □非基督徒

年齡：□ 16 歲或以下 □ 17～25 歲 □ 26～35 歲

□ 36～55 歲 □ 56 歲或以上

學歷：□中三或以下 □中五 □預科

□大學 □研究院

□我欲更多了解基道出版社的事工及考慮支持，請寄給我下列資料：

□機構簡介 □新書資料 □基道會員通訊

□《基道文字事工通訊》

姓名：________________ 電話：________________

地址：________________

____

傳真：________________ 電子郵件：________________

其他意見：________________

____

多謝賜教！

意見表可以傳真（2687-0281）或直接郵寄以下地址：
香港沙田火炭坳背灣街26號富騰工業中心1011室
基道出版社編輯部收